성중독자의 환상과 죄책감

성중독자의 환상과 죄책감

김형근 지음

서울중독심리연구소

성중독자의 환상과 죄책감

CONTENTS

01 심리적 해석과 통찰
1. 성중독과 리비도   07
2. 발달 단계와 리비도의 작용   11
3. 자위행위와 자기애적 요소   16
4. 사랑과 쾌락의 관계   20
5. 무조건적 사랑의 중요성   21
6. 가짜 사랑과 성중독의 본질   23
7. 환상과 성의 심리적 기원   30
8. 전능감과 현실 수용의 과정   35
9. 그림자 아이와 숨기려는 태도   42
10. 기준 없는 완벽주의의 함정   45
11. 성중독과 반사회적 행동의 차이점   48
12. 성 중독자의 환상과 죄책감   50

02 잃어버린 것을 되찾으려는 몸부림
1. 쾌락을 넘어서   52
2. 성적인 행동을 멈추어야 할까?   59
3. 성숙한 의존 관계로 나아가기   66

4. 마음의 어른이 되는 길	65
5. 계산된 삶의 태도	70
6. 잃어버린 것을 되찾으려는 몸부림	76
7. 삶의 선택과 후회	82
8. 같은 사건, 서로 다른 경험	87
9. 성중독의 본질과 치유	90
10. 자기 비난과 중독의 악순환	103
11. 음란물 중독의 기준	110
12. 초자아와 비난의 굴레에 대하여	113
13. 나 자신을 용서한다는 것	119

03 중독자와 내면의 미움

1. 자기 사랑과 수용의 본질	121
2. 타인의 행동을 왜곡하는 마음에 대하여	125
3. 회개에 대한 오해	128
4. 중독자와 내면의 미움	133
5. 분노와 회복의 에너지	136
6. 자기중심적 사고의 특징	140
7. 정동 발달과 내재화된 대상관계	149
8. 자기 행동을 합리화	154

9. 물레방아처럼 무의미한 반복　　　　**158**

10. 왜 모든 사람에게 사랑받으려는
　　욕구를 가질까?　　　　　　　　　**163**

11. 중독에서 벗어난
　　한 사람의 이야기　　　　　　　　**168**

12. 중독에서 회복되기 위해서는 우리
　　자신에 대한 깊은 이해와 변화를　**171**
　　경험해야 한다.

프롤로그

우리의 삶을 지배하는 것은 무엇일까? 우리는 종종 생각한다. 내가 원하는 대로 삶을 만들어 갈 수 있고, 나의 의지로 나를 이끌 수 있다고. 하지만 삶은 그렇게 단순하지 않다.
살다 보면 문득 깨닫는다. 내 인생도, 내 마음도, 심지어 내 몸조차도 내 뜻대로 되지 않는다는 것을. 건강하길 바라지만 몸은 아프고, 행복을 꿈꾸지만, 염려는 떠날 줄 모르며, 삶을 계획하지만, 세상은 그 길을 허락하지 않는다.
그래서 우리는 좌절하고, 실망하고, 때론 절망에까지 이른다. 도대체 왜 그럴까? 왜 우리는 우리 자신인데, 우리 뜻대로 살 수 없는 걸까? 그것은 우리가 진짜 '나'를 잃어버렸기 때문이다. 진짜 나로 살아가지 않기 때문이다.
　우리는 마음과 몸, 정신의 작동을 겸허히 들여다보지 않는다. 우리 내면에는 어린 시절의 상처, 채워지지 못한 욕망, 그리고 타인과의 관계 속에서 형성된 왜곡된 자아상이 겹겹이 쌓여 있다. 그 모든 것을 감싸 안지 않고는 진짜 나를 만날 수 없다. 지혜는 신을 경외하는 데서 시작된다고 한다. 의식의 '나'가 아니라, 나의 전체이자 참된 자아인 '자기(Self)'를 두렵고 떨리는 마음으로 경외하며 알아가는 시간을 가질 때, 우리는 비로소 나 자신이 누구인지 알게 된다. 그제야 내 삶의 진정한 주인이 내가 된다는 사실을 깨닫는다. 그럴 때 성중독은 사라지고, 결핍이라 믿었던 것들은 실상 한낱 허상에 불과했음을 알게 되리라.

성중독과 리비도: 심리적 해석과 통찰

성중독이 어느 정도로 광범위하게 퍼져있는지는 명확히 밝혀지지 않았으나, 이를 정확히 통계화할 수 있다면 마약, 알코올, 도박 중독보다도 더 많은 사람이 이 문제를 겪고 있을 가능성이 크다. 그러나 성중독은 사회적 수치심과 낙인의 영향으로 인해 스스로 이를 인정하거나 외부로 드러내기 어려운 특징이 있다. 이 점 때문에 성중독 문제는 공론화되거나 깊이 있게 다뤄질 기회가 상대적으로 적다.

성중독은 흔히 강렬한 성적 욕망과 본능에 기인한다고 간주하며, 이러한 본능적 욕망은 정신적 에너지, 즉 리비도에서 비롯된다고 볼 수 있다. 프로이트는 리비도를 성적 에너지로 정의했지만, 현대적인 관점에서는 이를 단순히 성적인 에너지에 한정하지 않고 인간의 전체적인 정신 에너지로 해석한다. 리비도는 인간의 모든 사고, 행동, 그리고 경험을 가능하게 하는 생명력 가득한 원천이다. 이 에너지는 종종 성적 욕구나 충동으로 표현되며, 이를 만족시키는 대상은 "리비도적 대상"이라 불린다. 따라서 리비도는 단순한 성적 에너지를 넘어, 인간의 삶과 관계를 구축하는 데 중요한 역할을 담당하는 기본적인 에너지로 이해될 수 있다.

성적 쾌락이나 오르가즘이 리비도의 특정한 발현 형태일 수 있지만, 인간의 궁극적인 목표는 이런 순간적인 쾌락 자체가 아닌 사랑과 관계의 형성에 있다는 결론에 이르게 된다.

리비도는 인간이 타인과 연결을 맺고 관계를 형성하는 데 필요한 에너지로, 단순히 쾌락만을 위한 것이 아니다. 이를테면, 아기가 엄마의 젖을 빠는 행위를 통해 단순한 영양 섭취 이상의 정서적 만족감과 안정감을 얻는 것처럼, 리비도는 본질적으로 사랑과 애정을 매개하는 에너지이다. 이것은 단순한 성적 욕망에 국한되지 않고 애정, 관계 형성과 같은 다양한 영역에서 작동하며, 이를 "리비도적 애착"이라고 표현할 수 있다. 결국, 리비도는 인간 삶의 전반을 움직이는 원동력으로서, 서로 사랑하고자 하는 욕구와 이를 표현하는 방식에서 중심적인 역할을 한다. 이 에너지에 대한 이해와 건강한 방식으로 표현하는 법을 배우는 것은 성중독뿐 아니라 다른 여러 정신적 문제를 해결하는 데에도 중요한 전환점이 될 수 있다.

리비도는 궁극적으로 인간이 진정 원하는 대상과 교감을 맺게 하는 힘을 의미한다. 여기서 "대상"은 초기에는 주로 엄마를 지칭한다. 특히 초기 유아기의 경우, 아기는 엄마를 전체적인 대상으로 인식하기보다는 엄마의 젖가슴처럼 부분적인 대상으로 관계를 맺는다. 아기가 엄마의 젖가슴과 맺는 이러한 초기의 관계는 기본적인 생리적 욕구와 더불어 정서적 안정감과 사랑을 체험하는 중요한 첫 연결점이 된다. 엄마와의 따뜻한 교감은 곧 사랑으로 이어지며, 아기의 모든 움직임은 이 사랑을 얻고자 하는 노력으로 해석된다. 따라서 리비도는 사랑을 담은 에너지로 이해될 수 있다. 갓난아기가 젖을 빠는 동안 느끼는 만족감은 프로이트가 언급한 "리비도적 쾌감"을 설명하지만, 이 쾌감은 단순히 성적인 의미에 한정되지 않는다. 아기가 경험하는 쾌락은 성인의 성적 쾌감과 근본적으로 다른 차원을 갖고 있다.

유아는 엄마와의 관계 경험 속에서 극단적인 정서를 겪게 된다. 엄마가 자신을 돌보지 않거나 무심하고 부정적인 태도를 보일 경우, 아이는 자신의 자아가 무너질 듯한 두려움을 경험한다. 이는 마치 세상이 갑자기 어둡고 차갑게 뒤덮이는 것 같은 느낌을 주며, 아이는 깊은 우울과 불안을 느낀다. 반대로, 엄마가 따뜻하고 다정한 태도로 아이를 대할 때, 유아는 세상이 살 만한 곳이며 자신이 그 안에서 사랑받을 수 있을 거라는 믿음을 형성한다. 이러한 경험은 아이의 존재 자체가 가치 있다는 감각으로 받아들여진다.

이처럼 유아의 정서 상태는 종종 극단적인 기쁨과 두려움 사이를 오간다. 엄마가 젖을 물리거나 아이를 편안하게 안정시켜 주면, 아이는 즉각적으로 안도와 즐거움을 느끼며 안정감을 얻는다. 그러나 이러한 행동이 이루어지지 않을 경우, 유아는 극심한 불안감과 함께 세상이 자신을 위협할 것이라는 공포를 느낄 수 있다. 이런 극단적인 정서 변화는 유아 초기 심리 발달의 특성 중 하나로 볼 수 있다. 이 공포는 마치 악몽을 꾸는 듯한 경험으로, 마약 중독자들이 겪는 황홀감이나 편집증 공포 (쯔라) 환상과 유사하다. 유아는 이러한 극단적인 정서와 환상을 지속해서 체험한다.

발달 단계와 리비도의 작용

 아이의 초기 발달 단계는 리비도의 흐름과 밀접하게 연결되어 있으며, 이를 통해 정서적 안정과 자아 통제 능력을 형성하는 과정을 겪는다. 구강기에서 시작하여 항문기에 이르기까지 이러한 단계는 아이의 전반적인 발달에 있어 중요한 기초를 제공한다.

구강기
구강기는 아이가 입을 통해 세상을 탐구하고 경험하는 초기 단계다. 이 시기에는 엄마의 젖을 빠는 행위를 통해 단순한 영양 섭취 이상의 쾌감과 정서적 안정을 경험한다. 이는 사랑과 관계의 기초를 형성하는 중요한 시간으로, 아이에게 신체적 만족뿐만 아니라 심리적 안정감을 심어준다.
이 발달 단계에 고착이 일어날 경우, 대상관계에서의 주체적 위치 형성이 어려워진다. 자신이 타인에게 무언가를 '주는' 능동적 존재로서의 자각보다는, 타인으로부터 '받는' 수동적 존재로서의 기대와 욕망이 중심이 된다.
이는 충분히 만족되지 못한 구강기적 욕동이나, 대상과의 일차적 융합 경험이 결핍된 데서 기인할 수 있으며, 결과적으로 내면에는 끊임없이 결핍을 보상하려는 충동과 대상에 대한 의존적 욕망이 강화된다.

그로 인해 '관심'이나 '사랑'은 주는 행위가 아닌, 채워야 할 '결핍의 대상'으로만 인식되며, 이는 관계의 일방성과 감정 조절의 미성숙으로 이어질 수 있다.

항문기

2~3세 무렵에 접어들면서 아이는 배변 과정을 통해 새로운 형태의 쾌감을 발견하는 항문기를 맞이한다. 이 시기에는 배변 행위를 통제하고 해방감을 느끼는 과정이 중심이 된다. 배변을 통해 아이는 자기 통제력을 배우고, 자신의 의지대로 신체를 조율하는 경험을 쌓는다.

 이 시점에서 부모의 역할은 매우 중요하다. 부모가 배변 과정 후 아이를 부드럽고 긍정적으로 대함으로써, 아이는 자신의 신체적 능력에 대한 긍정적인 감각을 키우고, 정서적으로도 안정감을 느낄 수 있다. 항문기에서는 배변을 간직하고자 하는 욕망과 이를 해소하려는 욕망 사이에서 갈등이 생기며, 이는 아이가 자율성과 통제력을 배우는 중요한 기회가 된다. 하지만 이 과정에서 적절한 양육 태도가 없으면 심리적 고착이 발생할 수 있으며, 이는 아이의 성격 발달에 부정적인 영향을 끼칠 가능성이 있다. 이 시기의 발달 경험이 부정적으로 작용할 경우, 초자아의 과도한 내면화로 인해 강박적 성격 경향이 형성될 수 있다. 이는 대상과의 관계 속에서 불결감이나 죄책감이 내면에 각인되면서, 무의식적으로 '더러움'에 대한 막연한 불안을 유발하고, 이를 상쇄하기 위한 '완벽함'과 '통제'에 대한 강박적 욕구로 이어지게 된다.
이러한 통제 욕망은 자아가 외부 세계의 불확실성과 내면의 혼란을 견디기 어려울 때 방어기제로 작동하며 고착되기도 한다.

 항문기가 끝나갈 즈음, 아이는 근육 움직임을 조절하고 자신의 의지대로 행동할 수 있다는 사실을 배우게 된다. 예를 들어, 배변 과정을 통해 통제력을 점진적으로 확립해 나가며 자아감을 형성한다. 이 시기는 부모와의 상호작용을 통해 아이가 자신의 의사를 주장하고 자율성을 키우는 중요한 시점이다. 그러나 이러한 과정이 제대로 이루어지지 않으면 통제력을 상실한 경험이 성격 발달에 부정적인 영향을 미칠 수 있으며, 이는 이후 중독과 같은 문제의 기반이 될 수도 있다.

남근기와 성적 호기심
5~6세에 이르면 아이는 자신의 성기를 쾌락의 원천으로 인식하면서 성적 호기심을 드러내기 시작한다. 이 시기를 남근기라고 하며, 아이는 자신의 성기에 대한 관심뿐만 아니라 성적 쾌감에 대한 초기 이해를 갖추게 된다. 이러한 호기심은 이후 잠재기를 거쳐 사춘기에 본격적으로 활성화된다.
남근기에 고착이 된다면 자기(Self)와 대상(Object) 간의 건강한 분화 과정에 혼란을 초래할 수 있다.
즉, 아이는 자기 욕망(예: 부모에 대한 사랑과 경쟁심)을 건강하게 처리하지 못하고, 내면에 갈등과 불안을 남긴 채 고착되게 된다. 그 결과 성인은 타인을 독립된 존재로 인식하기보다, 자신의 이상화된 대상이나 두려운 대상으로 취급할 수 있다. 상화된 자기 대상에의 의존 혹은 반대로 강한 수치심과 열등감으로 이어질 수 있다. 이것은 코헛의 자기심리학과도 연결되며, 타인을 자기의 자아존중감을 유지하기 위한 거울 대상 또는 이상화 대상으로 사용하려는 경향이 강해진다. 인정받고 싶은 욕구나 경쟁에서 이기고 싶은 욕망이 대인관계를 주도하게 된다.

 남근기 고착은 종종 권위자(부모, 스승 등)에 대한 이상화와 공격성의 양가감정으로 나타난다.
즉, 어떤 인물을 이상화하다가도, 그 인물이 자신을 충분히 인정해주지 않으면 갑작스럽게 분노하거나 무가치하게 느끼는 방식으로 반응할 수 있다. 이는 초기의 오이디푸스적 갈등이 충분히 통합되지 못한 결과다. 이러한 고착은 외적으로는 성취, 권위, 매력을 과시하려는 태도로 드러날 수 있으며, 관계 속에서는 깊이 있는 친밀감을 형성하기보다 경쟁, 이상화, 거절에 대한 불안이 더 우세하게 작동한다.
진정한 상호교류보다 '나를 어떻게 보는가'에 더 집중하게 되기 때문이다.

 리비도는 이러한 초기 발달 단계에서 다양한 방식으로 표현되며 아이의 정서적, 신체적, 심리적 발달에 중요한 역할을 한다. 구강기를 통해 관계 형성의 기초를 다지고, 항문기를 통해 자율성과 통제력을 익히며, 남근기에 이르러서는 성적 호기심을 통해 자기 자신에 대한 새로운 차원의 이해를 시작한다. 이런 과정은 아이의 전반적인 심리적 성장과 자아 형성에 중요한 기반이 된다.

자위행위와 자기애적 요소

 일부 아이들은 청소년기에 접어들기 전인 유아 시기, 심지어는 세 살 무렵부터 자위행위를 시작하기도 한다. 이는 자기 성애적 특성과 연결할 수 있으며, 아이가 불안감이나 두려움을 느낄 때 스스로를 달래기 위한 하나의 방법으로 나타날 수 있다. 예컨대, 엄지손가락을 빠는 행동이 자기 위안을 위한 행동으로 간주하듯, 자위행위도 이와 비슷한 맥락에서 이해할 수 있다.

 자위행위는 피부를 쓰다듬는 가벼운 움직임에서 시작하여 쾌감을 경험하는 단계로 이어지며, 이는 아이에게 중요한 심리적 안정과 자극을 제공한다. 어린아이들은 부모와의 피부 접촉을 통해 자신이 존재한다는 것을 인식하고 사랑받고 있음을 느끼게 된다. 그러나 이러한 애정과 접촉이 부족해질 경우, 자신이 무가치하다는 생각에 사로잡히며 이를 보상하려는 시도로 자위행위에 몰입하게 될 가능성이 있다.

 성감대는 리비도가 신체에서 가장 저항이 적은 경로를 따라 흐르는 부위를 지칭한다. 유아기에 성감대는 부모와의 융합 욕구를 충족시키는 통로로 기능하며, 특히 부모와의 관계에서 뚜렷하게 드러난다. 예를 들어, 아이가 엄마와 하나가 되고 싶어 하는 욕망은 성감대를 통해 표현되며, 이러한 경로는 타인과의 관계 형성과 애착 발달에 중요한 역할을 한다. 흔히 "몸을 섞는다"는 표현처럼, 성감대는 타인과의 친밀함과 교감을 드러내고 상호 존재를 받아들이는 통로로 작용한다. 이러한 신체적 연결은 정서적 안정감을 지원하며, 마치 전기가 흐를 때 저항이 적은 경로를 따라가듯 자연스러운 과정이다.

아이들이 자기 신체를 탐색하며 특정 부위에서 쾌감을 느끼는 것은 리비도의 자연스러운 흐름으로 이해될 수 있다. 이 경험은 성적 호기심을 키우는 초기 단계로 작용하며, 궁극적으로 타인과의 관계나 사랑을 배우는 기초가 된다. 성감대는 성기에 국한되지 않고 신체의 여러 부위에 걸쳐 존재할 수 있다. 아이들이 심심하거나 정서적으로 공허함을 느낄 때, 성감대를 만지며 쾌감을 통해 이러한 공허함을 해소하려는 경향을 보일 수 있다. 그러나 이 경험이 반복되면서 과도한 자극 추구로 이어지고, 중독적인 행동 패턴이 형성될 위험도 존재한다.

아이들은 성장 과정에서 부모에 대한 복합적이고 상반된 감정을 경험한다. 특히 남아는 어머니를 독점적으로 소유하고자 하는 욕망과 이를 방해하는 아버지에 대한 적대감을 느낄 수 있으며, 딸은 아버지를 주요 애착 대상으로 삼으며, 어머니에 대해 경쟁적 감정을 품게 될 수 있다. 이는 엘렉트라 콤플렉스(Electra complex)로 불리는 심리적 갈등으로, 딸이 아버지를 독점하려는 무의식적 욕망과, 그에 따라 어머니에 대한 질투심과 긴장된 감정을 동시에 경험하게 되는 시기이다.

　이러한 심리적 현상을 오이디푸스 콤플렉스라고 한다. 사회적 금기와 억압 메커니즘은 이러한 욕망을 적절히 억제함으로써 개인이 사회적 윤리와 규범을 내면화하도록 돕는다. 그러나 이 같은 억압이 효과적으로 이루어지지 않을 경우, 부모를 객관적으로 받아들이는 데 어려움을 겪으며 부모와의 관계에서 비정상적 욕망이 나타날 수 있다. 예를 들어, 어머니(또는 아버지)의 신체적인 특징이나 특정 물건(예: 스타킹, 속옷 등)에 과도한 집착을 보이며 이를 성적 충족의 대상으로 삼는 경우가 생길 수 있다. 이는 억압 메커니즘의 실패에서 비롯된 결과이며, 심각한 경우 부모와의 성적 관계를 추구하는 욕망으로 발전할 수도 있다. 이러한 문제는 성적 집착, 도착적 행동 또는 성중독으로 이어질 가능성이 있다.

　리비도는 정상적인 발달 과정에서 잠재기가 되면 억눌렸다가 사춘기에 접어들면서 다시 활성화된다. 사춘기 동안 아이들은 이성에 대한 성적 관심과 탐구를 시작하며, 이 과정은 개인의 심리적 성장과 관계 형성에 중요한 역할을 한다. 그러나 어린 시절 발달 과정에서 문제가 발생한 경우, 리비도가 특정 단계에 고착되어 그 시기로 퇴행하거나 비정상적 행동으로 나타날 수 있다. 리비도의 정상적인 발달을 방해하는 주요 요인은 두려움과 불안 같은 부정적 정서 경험이다. 성 도착은 리비도가 건강한 방식으로 발현되지 못하고 일탈 행위로 표출된 상태를 의미한다. 성중독은 이러한 성 도착의 한 형태로, 자위행위 또는 성적 자극을 과도하게 추구하는 행동을 포함한다(자위행위 자체가 문제가 되는 것은 아님). 이는 개인이 사회적 규범보다 자신의 쾌락을 우선시하는 상태로, 예를 들어 마사지 업소나 유흥 시설 등에서 과도한 성적 자극을 추구하는 행동이 이에 해당할 수 있다.

사랑과 쾌락의 관계

리비도는 관계 형성을 위한 본질적 도구지만, 사랑을 추구하는 과정에서 실패나 고통을 경험하면 쾌락에 몰두하는 왜곡된 행동으로 변질될 수 있다. 이러한 상황에서는 사랑받고자 하는 시도가 좌절되며, 본래의 대상에서 벗어나 쾌락 자체를 목표로 삼는 일탈적인 결과로 초래된다. 이는 성중독이나 알코올 중독 등 다양한 중독 문제와 밀접하게 연결될 수 있다. 예를 들어, 술을 통해 사람들과 분위기를 즐기고 관계를 강화하려는 의도가 점점 술 그 자체로 치우치게 되면 알코올 중독으로 이어지는 것처럼, 성적 쾌락 역시 관계를 넘어선 집착으로 발전할 위험이 있다. 따라서 성적 쾌락을 건강한 관계 속에서 경험하도록 하는 것이 중요하다.

리비도의 흐름을 적절히 이해하면 중독적 행동의 근본 원인을 파악하고 해결책을 모색할 수 있다. 이를 위해서는 관계를 강화하는 긍정적인 경험과 자기 이해를 통해 성적 욕망을 적절히 통제하려는 노력이 요구된다. 이러한 접근은 성중독을 포함한 여러 심리적 문제를 예방하고 극복하는 데 있어 핵심적인 역할을 한다.

부모와 아이의 관계: 무조건적 사랑의 중요성

아이들은 자신의 필요를 채우기 위해 부모의 전적인 헌신을 요구하면서도, 부모가 도움을 요청하면 거부하거나 짜증을 내기도 한다. 이러한 행동은 부모에게 불공평하게 느껴질 수 있지만, 아이의 정서적 발달 과정에서 매우 중요한 단계로 여겨진다. 아이는 이 단계를 거치며 자신이 무조건적으로 사랑받고 있다는 확신을 얻고 정서적 안정감을 형성하게 된다.

영국의 정신분석가 도널드 위니캇은 부모가 마치 '귤 껍데기'와 같은 역할을 해야 한다고 이야기한다. 즉, 아이가 자신의 필요를 충족하기 위해 부모를 자유롭게 이용하고, 알맹이만 취한 뒤 껍데기를 버리듯 죄책감이나 존재의 사라짐에 대한 두려움 없이 부모를 의존할 수 있어야 한다는 것이다. 또한, 부모는 이러한 과정을 기꺼이 받아들이는 자세를 가져야 한다고 강조한다. 이러한 과정에서 부모는 보상이나 어떠한 기대 없이 아이에게 무조건적인 사랑과 돌봄을 제공해야 하며, 이런 무조건적 수용은 아이의 리비도 발달에 긍정적인 영향을 미친다. 만약 이러한 관계 형성에 실패한다면 아이는 사랑받고 있다는 느낌이 부족해져 정서적 공허감과 외로움을 경험할 가능성이 크다.

 성중독에 빠진 사람들은 종종 어린 시절 사랑과 애착을 충분히 받지 못한 경험에서 비롯된 심리적 공허감을 겪는다. 이들은 부모로부터 따뜻한 애정을 받지 못했기 때문에 이를 대신할 가짜 사랑을 추구하는 경향이 있다. 예를 들어, 마사지 업소나 자위행위, 혹은 성적인 관계를 통해 위안을 얻으려 하지만, 이러한 행동은 진정한 사랑에서 오는 만족감을 제공하지 못하며 결국 일시적 위안에 그친다. 이는 마치 진짜 젖꼭지가 아닌 공갈 젖꼭지에 의존하는 모습과 비슷하다.

 또한 어린 시절 충분한 사랑을 받지 못한 경우, 자신의 성 정체성을 부정하는 방식으로 표현되기도 한다. 예를 들어, 여아로 태어난 아이가 충분히 사랑받지 못했다고 여긴다면 자신이 남아로 태어났으면 더 사랑받았을 것이라는 생각에 사로잡힐 수 있다. 이는 성별에 대한 동경 또는 자신의 성 정체성을 부정하는 결과로 이어질 수 있으며, 성전환자도 이러한 심리적 과정과 연관된 부분이 있지만, 이것을 단 한 가지 요소로만 해석될 수 없는 복잡한 요인들의 결합으로 이루어진다고 볼 수 있다.

가짜 사랑과 성중독의 본질

성중독에 빠진 사람들은 쾌락과 위안을 추구하면서도 진정한 사랑을 느끼지 못하고 있음을 인지한다. 이들은 특정한 사람을 사랑하기보다는 성적 경험이 제공하는 감각적인 쾌락과 따뜻함에 의존한다. 상대가 누구이든, 그 관계에서 얻는 순간적인 충족감에 집착하게 되는 것이다. 이러한 관계는 대개 돈이나 조건에 의해 형성되며, 깊은 감정적 연결이 아닌 일시적 위로에 불과하다.

흥미로운 점은 성중독자들이 반드시 성행위 자체만을 목표로 하지 않는다는 사실이다. 이들은 성적 목적보다 대화와 정서적인 친밀감을 위해 관련 업소나 장소를 찾는 경우도 종종 있다. 심지어 어떤 경우에는 성행위를 하지 않고도 따뜻한 감정을 느낀 후 돌아오기도 한다. 하지만 이러한 관계 역시 경제적 조건에 뒷받침된 것이기 때문에 진정한 관계로 발전하기 어렵다. 그들이 관계를 시도하려 해도 자신만의 내면적 제약에 갇혀 있어 건강한 관계 형성이 쉽지 않다. 이는 성중독 회복에서 가장 큰 장애 중 하나로 작용한다.

성중독에서 회복하려면 단순히 중독적인 행동을 멈추는 데 그치지 않고, 타인과 건강한 관계를 형성하고 유지할 수 있는 능력을 되찾는 것이 핵심이다. 과도한 자만심이나 과시로 가득한 중독적 성격이 변하지 않으면, 진정한 회복은 이루어지기 어렵다. 중요한 것은 타인과 감정적으로 연결되고 서로를 이해하며 소통하는 법을 배우는 것이다. 관계를 두려워하거나 회피하기보다는 적극적으로 도전하고, 어려움을 극복하는 과정이 필요하다.

이런 관계 형성의 과정은 단순히 기술적인 숙달을 넘어, 마음가짐과 태도를 근본적으로 변화시키는 데 초점이 맞춰져 있다. 이를 위해 관계에 대한 두려움을 이겨내고, 자기 자신과 타인의 본질을 이해하며, 서로를 진정으로 받아들이는 능력을 길러야 한다. 이러한 변화는 성중독으로부터 벗어나 진정성 있는 인간관계를 형성하는 중요한 밑거름이 될 것이다.

많은 성중독자들은 자신이 관계에 실패할 것이라는 두려움에 사로잡혀 있다. "나는 부족하고 재미없어. 사람들이 분명 나를 싫어할 거야"라며 자신을 부정적으로 바라보는 경우가 많다. 그러나 이러한 생각은 대부분 스스로 만들어낸 상상일 뿐이다. 사실 조용히 있는 사람조차도 긍정적으로 바라보는 사람들이 상당히 많다. 조용한 사람은 오히려 차분하고 신뢰감 있다는 이미지를 줄 수 있지만, 지나치게 나서는 사람은 갈등을 일으키거나 부정적인 인식을 받을 위험이 있다. 따라서 관계에 서툴다고 해서 지나치게 불안해할 필요는 없다.

본연의 모습 그대로 존재하며, 자연스럽게 주어진 순간에 대응하는 것만으로도 충분히 매력적일 수 있다.

문제는 많은 성중독자나 관계 형성에 어려움을 겪는 사람들이 이러한 사실을 인지하지 못한다는 점이다. 이는 과거에 사랑받거나 인정받은 경험이 부족해서 거절에 대한 두려움이 강하게 자리 잡았기 때문일 가능성이 크다. 하지만 이는 잘못된 고정관념에 불과하다. 관계에서 반드시 말솜씨가 뛰어나야 하거나 상대방을 웃게 만들어야 호감을 얻는 것은 아니다. 적당한 반응과 있는 그대로의 모습으로도 충분히 사랑받을 수 있다는 점을 기억해야 한다.

대체로 성중독을 경험하는 사람들은 관계를 자연스럽게 맺는 데 어려움을 겪는다. 이들은 자주 소극적이고 내향적이며, 자신감이 부족한 경우가 많다. 표면적으로는 활달하고 외향적인 척할 수 있지만, 정작 중요한 관계나 상황, 특히 이성과 만남에서는 갑작스레 얼어붙어 버리는 경우가 비일비재하다. 스스로를 "나는 따분하고, 매력 없고, 사람들이 날 좋아하지 않을 거야"라며 낮게 평가하며 관계 형성을 포기해 버리곤 한다.

하지만 역설적이게도, 많은 사랑받는 사람들은 오히려 큰 노력을 들이지 않는다. 자신을 존중하고 자존감을 가진 사람들은 어떤 특별한 일이 없어도 자연스럽게 타인의 호감을 얻는 경우가 많다. 이는 관계 형성을 두려워하는 이들에게 중요한 교훈을 제공한다. 본인을 낮게 평가하거나 두려움에 갇혀 있지 말고, 있는 그대로의 자신을 소중히 여기는 자세를 가져야 한다. 그렇게 하면 자연스럽게 더 건강하고 의미 있는 관계를 만들어갈 수 있을 것이다.

성인이 되어서도 대인관계에서 깊은 친밀감을 느끼지 못하거나, 동성이든 이성이든 관계가 자주 바뀌는 모습을 보인다면, 이는 정서적 연결이나 안정감이 부족한 상태를 반영할 수 있다. 특히 이성 관계에서 안정감과 깊은 유대가 없다면, 어린 시절의 관계 형성 방식이나 과거의 정서적 상처가 영향을 미쳤을 가능성이 있다. 주변의 시선을 끌려는 행동 역시 내면적으로 안정감을 찾으려는 시도일 수 있다.

자녀가 건강한 관계 맺기에 어려움을 느낀다면, 부모로서 좋은 관계의 모델을 보여주는 것이 중요하다. 부모가 타인과 맺는 안정적이고 신뢰할 수 있는 관계의 양식은 자녀가 이를 본보기 삼아 배우는 데 도움이 된다. 또한, 어린 시절 특정 물건, 예를 들어 엄마를 연상시키는 옷이나 립스틱 같은 것을 몰래 사용하는 행동은 대상관계이론에서 "중간 대상"이라는 개념과 연관될 수 있다. 중간 대상은 아이가 분리 불안이나 정서적 불안을 느낄 때 스스로를 안정시키기 위해 사용하는 물건을 의미한다. 이를 통해 아이는 간접적으로 엄마의 존재를 느끼고 위안을 얻으려는 것이다.

이러한 행동은 부정적인 관심을 얻기 위한 시도일 수도 있고, 단순히 호기심이나 자극을 추구하는 과정일 수도 있다. 하지만 인터넷이나 주변 환경에서 접한 음란물이나 성적인 자극 환경이 아이에게 적합하지 않은 경험이 되어, 이러한 노출이 이후에 성중독과 같은 문제로 이어질 가능성도 배제할 수 없다. 만약 아이가 이러한 환경에 노출되었음을 인지하게 된다면, 아이의 감정을 면밀히 살피고 그들이 느끼는 것과 생각하는 것을 편안히 이야기할 수 있는 분위기를 조성하는 것이 중요하다. 또한, 성에 대한 설명을 차분하게 해주어야 하며, 필요한 경우 놀이 치료 등을 통해 전문적인 도움을 받아볼 수도 있다.

만약 어린 시절 성적인 노출로 인해 성인이 된 후에도 성 관련 문제를 겪고 있고, 이러한 문제가 성중독으로 이어졌다면, 건강한 관계를 형성하는 데 어려움을 느낄 가능성이 크다. 이 경우, 현재 성인이 된 자녀에게 부모로서 접근하는 방식도 과거와는 달라야 한다. 단순히 신체적 돌봄이나 만족감을 제공하려는 행동보다는 자녀의 감정을 수용하고, 정서적으로 연결되어 있음을 느끼게 하는 것이 핵심이다. 자녀가 자신의 고민과 감정을 편안히 표현할 수 있는 환경을 만들어 주어야 한다. 이 과정에서 판단이나 충고보다 먼저 공감하며 들어주는 태도가 필요하다. 성중독적 행동을 하는 사람은 이미 스스로의 행동이 바람직하지 않다는 것을 내면 깊숙이 인지하고 있다. 이들에게 부정적인 이야기를 반복하는 것은 단지 잔소리에 지나지 않으며, 비판적이고 공격적인 대상으로만 경험될 수 있다. 이는 내면의 죄책감과 수치심을 자극해 자기 비난을 강화하고, 타인을 '돌봐주고 지지하는 좋은 대상'이 아니라 '비난하고 처벌하는 나쁜 대상'으로 내사하도록 만들 위험이 있다.

그러므로 부모는 자녀와 적절한 정서적 거리를 유지하며 자녀가 스스로 탐색하고 관계를 형성하는 능력을 기르도록 돕는 것이 바람직하다. 자녀에게는 자신만의 속도로 대인관계를 경험하고 배울 충분한 공간이 필요하며, 동시에 필요할 때 부모라는 안전한 대상에게 언제든지 다가갈 수 있다는 믿음과 신뢰를 갖게 하는 것이 중요하다. 이러한 부모의 태도는 자녀가 내면에 안정적이고 신뢰할 수 있는 내적 대상을 형성하도록 도와준다. 이를 '치유적 관계 형성'이라 부르는데, 이는 곧 치유적인 환경을 제공하는 것이기도 하다. 자녀는 이러한 관계 경험을 통해 성중독의 기저에 놓인 왜곡된 내적 믿음이나 병리적 환상을 교정할 수 있는 내면적 힘을 기르게 된다. 즉, 내면에 신뢰와 안전감이라는 단단한 토대가 마련되어, 자기 파괴적이거나 중독적인 행동으로 표출되었던 내적 결핍을 치유할 수 있는 심리적 기초가 형성되는 것이다.

 중요한 것은, 스스로 건강한 관계를 맺지 못하고 있음을 인정하며, 새로운 방식으로 관계를 배워나가는 것이다. 이는 관계에 대한 두려움을 극복하고 자신의 가치를 인정하며, 용기 있게 관계 속으로 들어가 보려는 태도가 필요하다. 마치 호랑이를 잡으려면 호랑이가 있는 곳으로 들어가야 하듯, 관계를 치유하고 회복하려면 관계를 두려워하지 않고 그 중심으로 나아가야 한다. 이를 통해 치유를 경험하고, 더욱 풍요롭고 건강한 삶을 스스로 개척해 나갈 수 있다.

한편, 때로는 중독에서 회복되었다고 주장하며 마치 회복의 모든 과정을 터득한 것처럼 행동하는 사람들을 보곤 한다. 이러한 사람들은 자신의 의견에 따르지 않으면 상대를 질책하거나 거절하며 권위적인 태도를 보이는 경우가 있다. 건강한 관계의 기본은 서로를 배려하고 이해하며, 공감적으로 상대방의 감정을 느끼는 데 있다. 그러나 자신의 특정 중독에서는 회복되었으나 여전히 건강한 관계를 맺는 법을 배우지 못한 상태에서 지도자의 위치에 서게 된다면, 이는 본인에게도 자기기만이 되고 타인에게도 실질적인 도움을 줄 수 없다.

오히려 일부 경우, 이러한 사람들은 중독자의 취약함을 이용해 자신의 우월감이나 위대함을 느끼려는 왜곡된 관계에 빠져 있을 수 있다. 이러한 왜곡된 관계 속에서는 언제든 재발의 위험성이 상존하며, 설사 본인의 중독 행동이 재발하지 않더라도 여전히 의존적이고 미성숙한 방식의 삶을 살아가고 있는 것으로 해석될 수 있다.

환상과 성의 심리적 기원

성은 단순한 생리적 행위를 넘어 인간의 심리적·감정적 경험과 깊이 연결되어 있다. 이는 특히 유아기부터 형성되는 무의식적 상상과 밀접한 관련이 있다. 어린 시절의 무의식은 종종 힘과 공격성을 상징적으로 표현하는데, 대표적으로 소변은 모든 것을 녹이고 파괴하는 강력한 도구로, 대변은 마치 핵폭탄처럼 모든 것을 날려버리는 엄청난 힘으로 간주된다. 이와 같은 내면의 상상은 성장하면서 성적 환상으로 변모하며, 남근이나 여성 성기를 상징적인 힘의 원천으로 받아들이게 만든다. 이러한 초기 환상은 때로는 전지전능함이나 과장된 힘의 이미지로 나타나며, 성인이 된 이후에는 권력과 성적 욕망으로 이어지기도 한다. 남성과 여성 모두 성과 관련된 환상과 힘을 통해 자신의 존재감을 확인하려는 심리적 욕구를 내포하고 있다.

남성의 경우, 이러한 힘은 주로 물리적 완력이나 통제력을 통해 발현된다. 많은 여성을 성적으로 정복하거나 지배함으로써 자신이 대단하다고, 혹은 신적인 존재라고 느끼는 환상을 경험하기도 한다. 특히 원하는 대로 타인을 통제하려는 욕망이 강하게 나타나며, 때로는 금전적 수단을 동원해 이

통제력을 실현하려는 행동으로 이어질 수 있다.

여성에게서 힘은 아름다움과 매혹을 중심으로 드러난다. 그녀들은 여러 남성을 유혹하거나 관계를 통해 자신이 가치 있고 매력적이라는 느낌을 추구한다. 이러한 행동은 자신을 과시하려는 욕구일 수도 있으며, 동시에 내면적으로는 자기 무가치함에 대한 불안을 해소하거나 무의식적으로 자신의 가치 여부를 시험하려는 심리적 과정일 수 있다.

성중독을 비롯한 중독 행위는 단순히 쾌락에만 초점이 있는 것이 아니라 더 깊은 심리적 필요를 반영한다. 성중독자들은 무의식적으로 어머니와 같은 중요한 관계 대상을 통제하거나, 조건 없이 받아들여지는 경험을 갈망한다. "내가 원하는 대로 당신을 움직일 수 있다", "이 관계는 내 손안에 있다.", "내가 무슨 짓을 하든 허용되어야 한다" 등의 생각은 타인에 대한 통제를 통해 상처받은 자아를 치유하고자 하는 왜곡된 시도로 볼 수 있다. 그러나 동시에, 이러한 행동은 자기 파괴적 성향을 띠며 지속적인 중독 상태를 만들어낼 위험이 크다.

정신분석학자 하인즈 코헛(Heinz Kohut)의 이론에 따르면, 이러한 통제 욕구는 자기 대상(self-object)에 뿌리를 두고 있다. 자기 대상은 자기 안정감과 자존감을 유지하기 위해 의지하는 대상을 의미한다. 성중독자는 특정 사람을 자기 대상으로 삼아 그들을 통제함으로써 자신의 결핍된 안정감을 보완하려 한다.

 또한 성중독은 음란물 등 다양한 중독적 행동에서도 나타나며, 이는 개인의 무의식 속 환상을 충족시키려는 시도로 볼 수 있다. 예를 들어, 특정 주제(근친상간, 지배-복종 관계 등)에 끌리는 것은 개인 내면의 심리적 드라마가 투영된 결과일 수 있다. 이는 겉으로 드러나는 행동 이상으로 심층적인 심리적 배경을 내포하고 있으며 성과 관련된 개인의 감정 세계와 밀접히 연결되어 있음을 보여준다.

 자신이 무한한 힘을 가진 존재로 상상하거나, 부족한 자신을 상대가 온전히 받아들인다는 환상에서 성적 흥분을 느끼는 경우는, 현실에서의 무력감과 결핍감을 보상하려는 심리적 기제로 작동한다. 이러한 심리적 패턴은 환상의 농도가 짙어질수록 더 극단적인 테마의 음란물이나 특정 행동에 의존하게 되는 경향을 보인다.

 예를 들어, 지배적인 남성이 상대를 무력하게 만드는 장면은 자신을 무한한 힘과 소유를 가진 존재로 투영하려는 욕구를 반영할 수 있다. 이는 음란물에서 선호하는 특정한 테마는 개인 내면의 미해결된 갈등이나 무의식적 결핍, 환상적 욕구를 비추는 중요한 단서가 된다.
- 근친상간과 같은 테마는 초기 대상관계에서 경험한 애정의

결핍이나, 가까운 대상과의 친밀함에 대한 좌절과 같은 정서적 공백을 반영할 수 있다. 이는 가족 관계 내에서 억압되거나 충족되지 못한 정서적 욕구가 성적 환상으로 투사된 결과일 가능성이 크다.

- 지배와 복종의 테마는 내면의 약하고 취약한 자기(self)를 보호하기 위해 이상화된 강력한 대상과 융합하거나, 현실에서 느끼는 통제력 결핍을 환상적으로 보상하려는 심리를 나타낸다. 이는 내적 대상을 통제하거나, 그에 의해 통제받음으로써 내면의 불안을 완화하려는 무의식적 방어기제의 표현일 수 있다.

- 도덕적으로 금기시되는 성적 관계를 주제로 삼는 것은 무조건적인 수용, 용납, 사랑받음에 대한 갈망을 드러내는 경우가 많다. 대상과의 관계에서 반복적으로 경험한 부정적 평가나 거부의 경험을 뒤집어, 자신의 모든 것을 용납해주는 대상과의 관계를 무의식적 환상으로 재현하고자 하는 것이다.

성중독이나 강렬한 성적 환상은 단순히 쾌락에 국한된 문제가 아니다. 이는 내면의 불안, 결핍감, 통제 욕구 등이 복합적으로 얽힌 심리적 현상으로 이해할 수 있다. 따라서 이러한 행동 패턴을 탐구하기 위해서는 자신이 품은 환상과 통제 욕구가 어떤 환경적 또는 경험적 요인에서 유래했는지 깊이 살펴볼 필요가 있다. 특히, 어린 시절 형성된 무의식적 욕망이나 관계적 갈등이 현재의 행동에 미친 영향을 분석하는 것이 중요하다.

성중독이나 강렬한 환상은 자신의 내면을 회복하고 더 건강하고 균형 잡힌 관계를 형성하기 위한 중요한 단서가 될 수 있다. 이를 위해 자기 성찰이 필요하며, 필요한 경우 전문적인 도움을 받아 자신을 더욱 깊이 이해하고 성장하는 과정이 필요하다. 이렇게 함으로써 건강하지 않은 패턴에서 벗어나 심리적 안정을 찾아 나갈 수 있다.

전능감과 현실 수용의 과정

 전능감과 현실(내 뜻대로 흘러가지 않는 세상)은 상반된 특성이 있으며, 이 두 개념이 공존할 때 개인은 심각한 내적 갈등을 경험하게 된다. "나는 전지전능하며 모든 것을 이룰 수 있다"라는 환상은 자신을 강력하고 완벽하게 느끼게 하지만, 현실과 마주하는 순간 그 환상은 무너질 수밖에 없다.

 현실 속에서의 자각: "나는 부족하고 연약한 존재다. 내 손으로 할 수 있는 것은 거의 없다." 현실은 개인에게 자신의 한계와 결점들을 직면하게 한다. 전능감과 정반대의 이러한 경험은 강해지고 싶은 욕망과 무력감 사이를 오가며 혼란을 초래한다.
결과적으로, 현실은 내가 원하는 대로 되지 않는 영역이며, 이를 받아들이는 것은 성장과 성숙의 필수 요소이다.

 현실을 부정하는 대신, 있는 그대로 받아들이며 "이러한 세상에서 나는 어떻게 살아갈 것인가, 그리고 사람들과 조화롭게 어울리며 어떤 지혜로운 선택을 할 것인가"라는 질문을 스스로 던지는 것이 중요하다. 진정한 지혜란 현실을 인정하며 그 안에서 최선의 선택지를 찾아내는 능력을 뜻한다.

전능감을 내려놓지 않으면, 현실에서의 실패와 좌절은 더 큰 무력감으로 되돌아온다. 이러한 무력감은 다시 전능감에 대한 집착을 부추기며 악순환을 만들게 된다.

초기 유아기에 나타나는 전능감(omnipotence)은 자연스럽고 필연적인 심리적 현상이다. 이 시기의 아이는 자신이 원하는 것을 즉각적으로 제공하는 환경을 경험하면서, 마치 자신이 세상의 중심이며 모든 것을 통제할 수 있다는 환상 속에 머무른다. 건강한 발달 과정에서는 양육자가 아이의 이러한 전능감과 환상을 서서히, 그러나 민감하게 좌절시킴으로써 현실과 환상을 구분하도록 돕는다. 이를 통해 아이는 세상이 자신의 뜻대로만 움직이지 않는다는 것을 깨닫고, 실망과 좌절을 견디는 힘을 기르게 되며, 점차 현실적인 내적 대상관계를 형성하게 된다. 반면 전능감의 환상이 과도하게 유지되거나 갑작스럽게 붕괴될 경우, 아이는 이후 성장 과정에서 자기애적 결핍이나 과장된 자기상과 같은 병리적 특성을 발달시킬 가능성이 있다. 따라서 초기의 전능감은 자연스럽고도 필연적인 것이지만, 부모와 아이 사이의 적절한 상호작용 속에서 서서히 조정되고 변형되는 것이 바람직하다.

- 출생 후 초기(0~3개월): 이 단계에서 아기는 부모, 특히 어머니의 세심한 보살핌 속에서 자신의 모든 욕구가 즉각 충족되는 경험을 통해 "나는 모든 것을 창조할 수 있다"라는 전지전능에 가까운 환상을 가지게 된다. 배가 고프면 젖을

제공받고, 불편하면 돌봄을 받으며 아기는 자신의 존재 가치를 느끼고 정서적 안정감을 형성한다.

- 현실의 개입(3개월 이후):시간이 흐르면서 아기는 자신이 모든 것을 통제할 수 없음을 서서히 깨닫는다. 자신의 욕구가 충족되기 위해서는 어머니라는 외부의 대상에 의존해야 함을 인식하고, 자신의 전능감이 결국 환상이었음을 받아들이기 시작한다.

- 자신감의 형성: 이처럼 전능감을 내려놓는 과정은 아이가 현실에서 "나는 무엇인가를 이룰 수 있다"라는 긍정적인 자신감을 형성하도록 돕는다. 현실을 알아가며, 아이는 더욱 균형 잡힌 자기 인식을 기반으로 성장할 수 있는 기틀을 마련하게 된다.

전능감은 모든 것을 통제하고 해결할 수 있다는 환상 속의 전지전능함을 의미하지만, 자신감은 현실에 기반한 인간적 가능성을 뜻한다. 즉, 진정한 자신감은 전능감이라는 환상을 내려놓는 데서 시작된다. 만약 전능감이 충분히 형성된 뒤 점차 자신감을 향해 전환되지 않으면, 이 전능적 환상은 성인기까지 지속될 수 있으며, 이는 개인의 정서와 행동에 부정적인 영향을 미칠 가능성이 크다. 예를 들어, 모든 것이 자신의 의도대로 움직이기를 기대하는 심리가 강하게 남아 있을 때, 상황이나 사람이 자신의 뜻대로 되지 않을 때 심한 좌절과 분노를 경험하게 된다. 이러한 좌절은 전능적인 태도를 버리지 못한 데서 비롯되며, 결과적으로 본인을 더 큰 스트레스와 불안 속으로 몰아넣는다.

성인이 되어도 전능적 환상에서 벗어나지 못한 사람들은 이를 통제와 지배의 욕구로 표출하기도 한다. 다른 사람이나 세상을 자신의 의지대로 조종하려는 행동이나 시도가 그 예이며, 이런 욕구가 충족되지 않을 때는 자위, 회피, 폭력, 자해와 같은 방식으로 위안을 찾으려는 반복적인 패턴에 빠질 수 있다. 이러한 행동들은 개인의 내면에 깊은 갈등을 일으키고 성숙한 인간관계를 형성하는 데 방해 요소로 작용할 가능성이 크다.

많은 사람들이 현실적 삶을 살고 있다고 생각하지만, 실제로는 무의식적인 환상의 영향 아래에서 살아가고 있다. 더 큰 문제는 스스로 그러한 환상에 지배받고 있음을 깨닫지 못하는 경우가 많다는 데 있다. 중독적인 행동 역시 이러한 무의식적 환상이 강력하게 작용하는 대표적인 예라 할 수 있다.

음란물 중독이나 성중독과 같은 중독적 행동은 무의식 속에 자리 잡은 환상의 힘으로 유지된다. 이런 환상의 세계에서는 바로바로 욕망이 충족되고, 통제와 권력을 경험하며 자신이 전능한 존재라고 느끼게 된다. 이는 현실에서의 실패감, 두려움, 혹은 결핍감을 상쇄하려는 심리적 도피처로 기능한다. 그러나 환상에 머무르는 시간이 길어질수록 현실과의 연결은 불투명해지고, 점점 더 현실에서의 삶이 무미건조하고 무의미하게 여겨질 수 있다.

예를 들어, 음란물에서 여성에 대한 강압적 성행위를 즐기는 경우, 이는 현실에서 느끼는 자신의 무력함을 환상적으로 보상받으려는 심리를 보여준다. 이러한 상태에서 벗어나려면 먼저 자신이 환상의 지배를 받는다는 사실을 자각해야 한다. 하지만 단순히 "이 모든 것이 환상일 뿐이다"라고 인정하는 것만으로 충분하지는 않다. 이는 마치 꿈속에서 "이건 꿈이다"라고 의식하더라도 여전히 꿈 안에 머물러 있는 상태와 비슷하다.

환상에서 완전히 탈피하기 위해서는 현실에 뿌리를 두려는 지속적인 노력과 의지가 필요하다. 그리고 환상이란 결국 현실 속 욕구와 좌절을 대체하려는 무의식적 방어 기제임을 이해해야 한다. 중요한 첫 단계는 "나는 지금 단지 환상에서 위안을 얻고 있을 뿐"이라는 사실을 깨닫는 것이다. 이어서 "내가 이 행동을 왜 하려고 하는지, 이 행동이 나에게 어떤 욕망을 충족시켜 주고 있는지"를 탐구하여 환상이 지닌 숨은 의미를 밝혀야 한다. 그렇게 될 때, 환상의 힘은 점차 약화되고 현실과의 연결이 회복될 수 있다.

환상이 주는 만족감은 일시적일 뿐이며, 현실의 문제를 해결하지 못한다는 점을 분명히 인식해야 한다. 현실에서 느끼는 좌절과 결핍, 두려움은 환상이 아니라 실질적이고 구체적인 행동과 건강한 인간관계를 통해 극복하려는 노력이 필요하다. 현실에서의 작은 성공과 의미 있는 관계 경험은 환상에서 벗어날 수 있는 기반을 마련해 준다.

예를 들어, 환상 속에서는 내가 강한 존재라고 느낄 수 있지만, 현실에서는 사람들과의 소통을 통해 나의 가치를 인정받고 실제로 성장할 수 있다. 이러한 현실의 경험이 환상의 매력을 점차 약화시키는 역할을 합니다. 반면, 환상이 깊게 뿌리내리거나 중독적 행동이 계속 반복될 때는 심리 치료와 같은 전문적인 도움을 받아야 할 수도 있다.

세상과 사람들은 내 의도대로 움직이지 않는다는 것을 받아들이는 것은 고통스러운 일일 수 있지만, 이를 수용하는 것은 환상에 의존하지 않고 현실적인 선택과 행동으로 삶을 이끌어나가는 출발점이 된다.

전능감을 내려놓는 과정과 현실 수용하기

1. 환상에서 벗어나기: 전능감을 내려놓는 것은 자신을 약한 존재로 인정하는 것이 아니라, 현실에 기반한 진정한 자신감을 찾는 첫걸음이다. 이는 내가 완벽하지 않아도 괜찮다는

사실을 받아들이는 것을 포함한다.

2. 현실 수용하기: 내가 원하는 대로 되지 않는 세상을 부정하거나 회피하지 않고 그대로 받아들여야 합니다. 이러한 태도는 "바꿀 수 있는 것과 바꿀 수 없는 것을 구분"하는 능력을 길러준다.

3. 현실에서의 지혜 찾기: 지혜는 내가 통제할 수 없는 것에 붙잡히지 않는 동시에, 통제 가능한 부분에 집중하는 능력입니다. 이는 "세상이 내 뜻대로 되지 않더라도 그 안에서 내가 만족스러운 삶을 살 수 있다"라는 인식으로 이어진다.

이 과정에서 좌절은 피할 수 없지만, 이러한 감정 자체가 지혜를 배우는 좋은 기회가 된다. 세상이 내 의도대로 움직이지 않음을 인정하고, 이에 맞게 대처하며 살아가는 것은 지혜로운 삶의 핵심이다.

전능감을 내려놓음으로써 현실적이고 실질적인 자신감을 키울 수 있으며, 이는 독립적이고 성숙한 인간관계 형성의 기초가 된다. 전능감은 인간 발달 과정에서 중요한 역할을 하지만, 이를 제때 내려놓지 못한다면 성인기에서도 반복적인 좌절과 갈등을 겪게 될 가능성이 크다. 그러므로 환상 속 전능감을 포기하고 현실에 기반한 삶의 방식을 찾아가는 것은 더 나은 자신과 관계를 위해 필요한 여정이다.

그림자 아이와 숨기려는 태도

어른이 되었음에도 내면에 자리 잡은 그림자 아이의 상태에서 벗어나지 못한다면, 세상 앞에서 자신을 드러내는 일이 두렵고 때로는 수치스럽게 느껴질 수 있다. "나는 사랑받을 자격이 없어"라는 무의식적 신념은 스스로를 감추게 만들고, 타인과 관계를 맺는 데 큰 장벽이 된다. 이러한 상태는 불안, 두려움, 심지어 공격적인 감정을 세상으로 투사하는 결과를 낳는다. "세상은 나를 싫어할 거야"라는 생각이 떠오르지만, 이는 사실 세상이 나를 싫어하는 게 아니라 내가 나를 미워하기 때문이며, 동시에 내가 먼저 세상을 싫어하기 때문에 생기는 왜곡이다. 부정적인 자기감정이 외부로 투영되면서 세상을 위협적이고 자신을 배척하는 존재로 해석하게 된다.

이를 단순히 정리하면 이렇게 요약할 수 있다.
"나는 사랑받고 싶다." 그러나 세상으로부터 사랑을 충분히 받지 못한다고 느끼면 실망과 분노가 일어난다. "세상이 나를 사랑하지 않다니!" 그 결과 이 분노는 세상을 향한 공격성으로 표출된다.
그다음에는 투사와 왜곡이 이어진다. 공격성을 밖으로 드러낸 뒤, 그것이 다시 나에게로 되돌아오면서 "세상이 나를 미워한다."라는 결론에 도달하게 된다. 이것은 투사적 왜곡이며, 사실은 스스로 자신을 미워하는 감정이 반영된 것이다.

이러한 악순환은 수치심으로 이어진다.

"나는 사랑받을 가치가 없는 존재야"라는 생각이 스스로를 더욱 수치스럽게 만들고, 점점 더 깊이 자신을 감추며 세상과 단절하려는 방향으로 이어진다. 이렇게 자기 부정과 불안은 반복되고, 세상과 자신에 대한 두려움의 고리는 점차 더 견고해진다.

　투사란 자신의 내면에 있는 감정을 외부에 던져 놓고 그것을 해석하는 심리적 메커니즘이다. 예컨대 "세상이 나를 싫어한다."라는 생각은 실제로 "내가 나를 싫어한다."라는 감정의 투사로 볼 수 있다. 따라서 세상은 본래 나를 위협하거나 배척하지 않지만, 내 내면의 불안감과 두려움에 의한 적개심이 세상을 그런 모습으로 왜곡해서 보게 만든 것이다.

　이러한 상태를 극복하기 위해서는 과거 자신이 사랑받지 못했다고 느꼈던 경험과 그로 인해 부풀어 오른 분노와 두려움을 인정하는 과정이 필요하다.

"나는 사랑받고 싶었다. 하지만 충분히 사랑받지 못한다고 느꼈다."라고 스스로 고백하는 것이다. 또한, 세상이 나를 미워한다고 느끼기 전에 "혹시 내가 나를 미워하고 있는 건 아닐까?"라고 깊이 자문해 보는 일이 중요하다. 이러한 성찰은 투사의 메커니즘을 인식하고 내면의 감정을 정리하는 첫걸음이 될 수 있다. 더불어, 비록 내 자신이 완벽하지 않더라도 나는 사랑받을 가치가 있는 존재라는 사실을 받아들여야 한다. 자기 자신을 있는 그대로 끌어안고, 스스로를 사랑하는 연습이 반드시 필요하다.

 세상은 본질적으로 위험하거나 나를 공격하기 위해 존재하는 곳이 아니다. 설령 그렇게 느껴졌거나 그러한 경험을 했다 할지라도, 이는 내 믿음에 기인한 것이지 세상의 실체 자체는 아니다. 따라서 세상에 대한 두려움을 줄이고 자신의 진짜 모습을 조금씩 자연스럽게 드러내며 관계를 맺어나가는 연습이 필요하다. 이러한 변화는 작은 시도에서부터 시작할 수 있다. 예를 들어, 스스로를 감추지 않고 간단한 대화를 시도해보거나, 솔직하게 자신의 감정을 표현해 보는 작은 행동들이 그런 연습의 한 걸음이 될 것이다.

기준 없는 완벽주의의 함정

평균적으로 90~95점을 받는 아이에게조차 "더 잘했어야 한다"라는 말을 반복적으로 들려준다면, 이런 상황에서는 성취라는 개념 자체가 무색해진다. 90점을 받아도, 95점을 받아도, 심지어 100점을 받아도 어떤 인정이나 칭찬을 받지 못한다면 아이는 스스로를 언제나 부족한 존재로 느낄 수밖에 없다. 그리고 "항상 더 잘해야만 한다"라는 부담을 안고 살아가게 된다.

"올백을 맞았으면 더 일찍 맞았어야지."
"다음에는 실수하지 마라."

이런 식의 요구는 아이가 스스로를 계속해서 결핍된 존재로 인식하게 만들며, 끝없는 부족감을 심어준다.

완벽주의적인 부모의 태도는 아이에게도 똑같은 잣대를 들이대게 하는 결과를 초래한다. 아이는 외부의 인정뿐만 아니라 자기 자신에게도 끊임없이 완벽함을 요구하며 스스로를 가혹하게 비난하는 습관을 키운다. 이로 인해 "나는 부족한 존재다"라는 내면화된 메시지를 갖게 되고, 이는 자존감에 큰 손상을 입히며 심리적 부담과 좌절감을 반복적으로 경험하게 만든다. 이러한 완벽주의는 종종 극단적인 결과로 이어지기도 한다.

예를 들어, "모두 백 점을 받고도 창문에서 뛰어내린 고등학생"의 사례처럼 성취가 더 이상 개인의 목표나 기쁨이 아닌 고통스러운 의무로 변질하였을 때, 그 삶은 의미를 잃어간다.
"이제 됐어."
이 한 마디를 쪽지에 남기고 세상을 떠난 한 학생의 사례는, 더 이상 자신에게 요구되는 완벽함을 감당할 수 없었음을 단적으로 보여준다.

완벽주의는 본질적으로 자신이 충분히 인정받지 못한 경험에서 비롯된다.
"너는 여전히 부족하다."
이런 메시지는 무의식적으로 내면에 자리 잡으며, 자신의 성과뿐만 아니라 존재 자체에 대해 끊임없이 평가하고 비난하게 만드는 원인이 된다. 완벽주의자는 자주 사랑과 인정이 자신의 성취 여부에 달려 있다고 믿는다. 이것은 대개 어린 시절의 경험에서 기인한다.

"네가 더 잘했더라면, 더 많이 사랑받았겠지."
이 같은 메시지는 스스로를 위해 사는 것이 아니라 타인의 기준에 따라 자신의 삶을 평가하게 만든다. 그렇게 되면 결국 자신의 내면의 목소리를 잃어버리고, 끊임없이 외부로부터 오는 피드백에만 의존하게 되는 악순환으로 이어진다.

완벽주의는 중독적인 행동 양식과 밀접하게 연관되어 있다. 자신이 설정한 비현실적인 기준에 도달하지 못했을 때 중독자는 자기혐오와 좌절감을 느낀다. "너는 이 정도밖에 안 되는 존재야"라는 내면의 비난은 자신을 더욱 벌하려는 방식으로 나타나며, 이는 결국 중독적 행동을 더욱 강화하는 악순환을 만든다. 중독은 이러한 자기비난과 좌절로부터 잠시나마 벗어날 수 있는 도피처가 되지만, 문제를 해결하기보다는 더 깊은 고립과 불안을 초래할 뿐이다.

따라서 성취를 결과가 아닌 과정 중심으로 바라보는 태도를 배우는 것이 중요하다. "90점도 잘한 것이다"라는 인식처럼, 자신의 평균을 유지하거나 작은 향상을 이루는 것만으로도 충분히 의미 있다는 사실을 받아들여야 한다. 완벽하지 않아도 괜찮다. "나는 완벽하지 않지만, 이대로도 충분히 가치 있다"라는 생각으로 스스로를 위로해야 한다.

사랑은 조건이 아니다. 자신이 달성한 결과와 관계없이 사랑받을 자격이 있다는 사실을 잊지 말아야 한다. "내 존재가 사랑받을 이유다"라는 믿음으로 자신을 다독이고, 자신에게 관대함을 허락하는 태도가 삶의 평안을 가져올 수 있다.

성중독과 반사회적 행동의 차이점

 성중독자의 주요 특징: 성중독자는 대체로 수동적인 경향을 보이며, 자신의 행동에 대해 깊은 수치심과 죄책감을 느낀다. 이들은 충동을 조용히 해결하려는 경향이 있으며, 의도적으로 타인에게 해를 끼치지 않는다.
예를 들어, 몰래 음란물을 시청하거나 금전 거래를 통해 성적 욕구를 충족하는 행동이 이에 해당한다. 성중독자는 자신의 행동을 통제하지 못하는 것에 좌절감을 느끼며, 스스로를 부끄럽게 여긴다.

 반면, 반사회적 인격장애(ASPD)는 성중독과는 본질적으로 다르다. 이들은 자신의 행동으로 타인에게 고의적으로 피해를 주거나, 자신이 가진 통제 욕구를 적극적으로 드러내는 특징이 있다. 사회 규범을 의도적으로 어기는 경향이 있다. 또한, 성중독은 자신의 문제를 인식하고 치료를 받고자 하는 동기가 생길 수 있지만, 반사회적 행동은 스스로 문제를 인식하거나 치료를 원하지 않는 경우가 많다.
예를 들어, N번방 사건과 같은 사례에서는 타인을 학대하거나 성을 상품화하며 권력을 과시하려는 경향이 관찰된다. 이러한 행동은 성중독자에게서 보이는 내적 수동성과 뚜렷한 차이를 가진다.

 중독자와 종사자의 차이: 포르노 배우나 성 산업 종사자는 경제적 필요나 환경적 요인으로 인해 그러한 일을 선택했을 가능성이 크다. 또한, 직업적·경제적 목적에 따라 성적 행동을 수행하며, 일반적으로 행동을 의식적으로 선택하고 통제할 수 있다. 그러므로 반드시 성중독자인 것은 아니며, 심리적으로는 반사회적 또는 연극성 인격의 특성을 보일 수도 있다.

성 중독자의 환상과 죄책감

성 중독자는 자신의 환상 속에서 잠시나마 위안과 만족을 느끼지만, 현실로 돌아오면 죄책감과 수치심이라는 감정에 휩싸이게 된다. 환상 속에서는 모든 것이 허락되고 통제력을 가진 듯한 느낌을 받는다. 그러나 현실에서는 자신의 행동이 사회적 규범과 도덕적 기준에 어긋난다는 사실을 분명히 이해하고 있다. "내가 이렇게 살아서는 안 된다."라는 자각은 내면의 갈등을 키우고 자기 비난을 유발한다. 이러한 지속적인 자기 비난과 죄책감은 개인의 자아를 약화시키는 핵심적인 원인으로 작용한다. "너는 잘못된 존재야."라는 내면적 메시지는 자아 존중감을 저하할 뿐만 아니라 스스로를 통제할 능력마저 감소시킨다. 자아가 약화되면 현실에서의 기능 역시 떨어지기 마련이다.

자아는 칭찬과 인정이라는 긍정적인 경험을 통해 성장하지만, 현실에서 반복되는 실패는 이를 오히려 더 취약한 상태로 만든다. 이로 인해 개인은 환상 속으로 도피하려는 충동에 더욱 빠질 가능성이 커진다. 성적 행동을 억제하려는 의지를 가졌음에도 불구하고 반복적으로 유혹에 넘어가는 경험은 성 중독자에게 자아의 무력함과 실패감을 크게 느끼게 한다. 결국, 이러한 감정은 개인에게 심각한 정신적 고통을 안겨준다.

환상에 깊숙이 몰입할수록 현실과의 괴리감은 커지고 죄책감은 점점 더 강렬해진다. 반복되는 중독적 행동과 죄책감의 악순환은 자아를 더욱 약화시킨다.
자아는 인간의 내적 욕구(본능)와 외부 현실의 균형을 조율하는 기능을 담당한다. 이는 "하고 싶다"와 "해야 한다" 사이에 경계를 설정하는 역할이다. 예를 들어 화장실이 아닌 곳에서 대소변을 참는 것처럼 기본적인 본능과 사회적 규칙 간의 조화를 나타낸다. 그러나 자아가 약해지면 현실과 환상의 경계를 유지하는 능력이 떨어져 충동적인 행동(예: 성폭행, 노출증)으로 이어질 위험이 증가한다. 이러한 문제는 단순히 반복되는 행동뿐만 아니라 깊은 심리적, 행동적 문제로 확장되었음을 시사한다.

대다수 성중독자는 자아가 약화되었음에도 아직 완전히 붕괴되지 않은 상태에 머물러 있다. 이들은 "하면 안 된다"라는 사실을 알고 있지만 자신의 행동을 멈추지 못하고, 대개 사회적 시선을 피하려고 몰래 문제를 해결하려는 경향을 보인다. 예를 들어 음란물을 은밀히 시청하거나 금전 거래를 통해 관계를 형성하는 식의 행동 방식이 이러한 특징을 잘 보여준다.

쾌락을 넘어서

　쾌락의 추구가 대상을 동반하지 않을 때, 이는 행동이 퇴화하고 있음을 나타낸다. 그러한 행위는 단순히 리비도적 욕망을 채우려는 시도로, 깊이 있는 관계 형성에서의 실패를 드러낸다. 결국, 쾌락에 머무는 것은 삶의 진정한 성장 가능성을 저버리는 퇴행의 한 형태라 할 수 있다.

　삶은 본질적으로 성장과 성숙을 향한 지속적인 여정이다. 끊임없이 변화하고 발달해가는 과정이 생명의 본질이다. 그러나 쾌락에 머물게 되면, 우리는 점점 퇴행하게 된다. 본능적 충동에 스스로를 내맡김으로써 자아는 약화되고, 성숙한 인내심과 자제력이 사라지며 감정적인 불안정이 드러나게 된다. 그 결과, 단기적 좌절에 쉽게 화를 내거나 상황을 가볍게 넘기는 여유를 잃고 즉각적인 반응을 보이게 된다.

　페어베언은 이를 비유적으로 설명하며, 불나방이 빛을 쫓아 모닥불로 뛰어드는 모습을 들려준다. 불나방은 그 빛이 자신을 태워버릴 위험한 모닥불임을 알지 못한다. 자신이 찾고자 하는 진정한 빛이 아닌 빛에 대한 오해로 인해 생명을 잃게 된다. 쾌락을 맹목적으로 좇는 행위도 마찬가지다. 본질적인 목적지를 상실하고 중도에서 멈추게 되며, 삶의 진정한 의미를 잃는다.

우리의 추구 대상은 단순한 쾌락이나 육체적 즐거움이 아니라, 본질적으로 사랑이다. 사랑은 관계 속에서 피어나며, 따뜻함과 이해, 하나 됨 같은 감정들은 참된 관계에서 경험될 수 있다. 그 때문에 우리는 표면적인 쾌락에서 벗어나 관계의 핵심 가치를 찾아야 한다. 그것이야말로 인생이 나아가야 할 방향이다.

중독의 본질 역시 관계의 부재와 결핍에서 비롯된다. 회복 또한 관계를 통해 비로소 가능하다. 예를 들어, 어떤 성적 지향이든 회복의 핵심은 성적 활동 자체보다는 참된 유대와 관계 형성에 있다.

남성 동성애 관계를 사례로 든다면, 회복은 남성을 멀리하고 여성을 만나는 것이 아니다. 중요한 것은 남성과 육체적 관계가 아닌, 우정과 이해를 바탕으로 한 성숙한 관계를 맺는 것이다. 이는 단순한 쾌락을 넘어 진정한 따뜻함과 수용을 경험하려는 노력이며, 우리가 궁극적으로 원하는 것도 바로 이러한 수용과 인정이다. 삶에서 우리가 가장 갈망하는 것은 사랑받고, 이해받고, 따뜻함 속에 머무는 것이다.
하지만 어린 시절 부모나 중요한 인간관계에서 이러한 정서적 수용을 경험하지 못하면, 사람들은 이를 대체할 무언가를 찾게 된다. 예컨대, 어머니로부터 충분한 사랑과 관심을 받지 못한 사람은 여성에 대한 과도한 기대나 집착으로 그 결핍을 충족하려 할 수 있다. 그런 집착을 도덕적으로 비난하거나 억압해서는 안 되며, 그 근원에 자리한 고통과 결핍을 이해해야 한다. 이는 결국 우리가 갈망하는 진정한 사랑으로 나아가는 과정의 일부다. 사랑은 쾌락이 아닌 관계 속에서 비로소 꽃피운다.

 자체성애 또한 이러한 결핍의 맥락에서 해석될 수 있다. 이는 단순히 자기만족을 위한 행위가 아니라, 외부적 대상에서 얻지 못한 것을 스스로 채우려는 생존 방식에 가깝다. 이를 판단하거나 비난하기보다, 그 배경에 자리 잡은 결핍과 고통을 진심으로 헤아릴 필요가 있다. 마치 빈곤 속에 허기를 달래기 위해 수도꼭지에서 물로 배를 채우는 아이처럼, 그것은 그 개인이 부족함이나 잘못이 아니라 단지 필요한 것을 얻지 못해 택한 임시방편일 뿐이다. 우리는 이러한 한계를 이해하고, 연민 어린 시선으로 접근해야 한다.

 사랑과 관계의 부족은 사람들에게 깊은 결핍감과 갈증 상태를 일으킨다. 이로 인해 우리가 해야 할 일은 이러한 상태에 안주하지 않고 다시 일어나 사랑을 향한 길을 걸어가는 것이다. 진정한 관계를 통해 자신을 받아들이고 서로를 이해하며 치유의 여정을 시작해야 한다. 인간은 본능적으로 사랑과 관심을 원한다. 아이는 엄마의 품에

안기고자 하며 그 따뜻한 눈빛과 사랑을 갈구한다.

 엄마와 함께 시간을 보내고 사랑받고 싶은 아이의 마음은 자연스럽고도 절실하다. 그러나 엄마가 자신의 개인적인 문제로 인해 이러한 요청을 받아들이지 못하는 상황에서는 문제가 시작된다. 엄마는 우울증, 스트레스, 가족 문제 등으로 인해 아이를 충분히 돌보지 못할 수 있다. 예를 들어 남편의 외도, 부모님의 죽음, 혹은 그녀 자신의 성격적 어려움 등이 이유가 될 수 있다. 이런 상황에서 엄마는 다음과 같은 반응을 보일지도 모른다:

"가만히 좀 있어. 텔레비전이나 보고 와. 하던 공부나 해. 아니면 빨리 자."

 이러한 말은 아이에게 거절로 느껴질 수밖에 없으며, 아이는 엄마와의 관계에서 얻기를 바랐던 정서적 안정감과 충족감을 억누르기 시작한다. 엄마가 자신을 싫어한다고 느낀 아이는 사랑받고 싶다는 본능적인 욕구를 점점 숨기고 억제해 간다. 이를 억누르기 위해 아이는 어깨, 등, 허리 근육을 무의식적으로 긴장시키며 욕망을 통제하려 한다. 결과적으로 아이는 지속적인 신체적 긴장 상태를 겪으며, 이로 인해 생긴 영향이 성장 이후에도 남아 있음을 경험하게 된다.

특히 과도한 신체적 긴장은 신경계에 영향을 미친다. 근육의 지속적 긴장은 신경망을 제약하며 감정을 처리하는 변연계로의 고통 신호 전달을 차단하려는 신체적 방어 메커니즘으로 작용한다. 이는 사람이 고통을 덜 느끼게끔 하려는 임시적 대안이지만, 근본적인 문제를 해결하지 못한 채 신체적 통증과 정서적 불편감을 유발한다. 따라서 몸에 긴장이 누적된 사람들은 이유를 명확히 설명할 수 없는 허리, 등, 어깨, 목 등의 만성 통증을 호소하게 된다.

이러한 긴장을 해소하려는 시도로 사람들은 종종 쾌락을 추구하게 된다. 처음에는 쾌락이 관계의 결핍으로 인한 긴장을 완화하는 수단으로 작용하지만, 관계적 결핍이 지속되는 환경에서는 쾌락 그 자체가 목적이 되기도 한다. 이 과정은 애착 욕구가 충족되지 않았을 때 인간이 경험하게 되는 심리적, 신체적 영향과 긴밀히 연결되어 있다

아이에게 필요한 것은 단순한 쾌락이 아니라 진정한 사랑을 받고 관계를 통해 애착 욕구를 충족하는 경험이다. 엄마의 거절은 단순한 실망감을 넘어 아이에게 깊은 정서적 결핍, 자존감의 훼손, 그리고 억눌린 증오를 남긴다. 그 결과 아이는 점점 자신의 욕구를 숨기면서 엄마와의 정서적 거리감을 느끼고 이를 현실로 받아들이게 된다.

우리는 모두 어린 시절 억압과 긴장을 경험하며 성장한다.

사랑받고 싶고 인정받고 싶은 욕구가 충족되지 못했을 때, 그것이 남긴 아픔과 결핍은 마음 깊은 곳에 자리 잡는다. 이러한 상처는 대개 무의식에 묻혀 있어, 우리가 그 존재를 의식적으로 알아차리지 못하면 여전히 삶에 영향을 끼친다.

 이러한 상황에서 가장 중요한 것은 스스로 자신의 감정을 인정하고 돌보는 태도를 보이는 것이다.
"그때 엄마에게 다가가고 싶었지만 거절당해서 힘들었구나."
"그때 너는 정말 사랑받고 싶었구나. 많이 슬펐지."
이처럼 내면의 아픔과 갈망을 이해하고 스스로 인정하는 과정이 필요하다. 내 안에 있는 그리움과 상처를 내가 직접 알아주고, 품어주며 위로하는 것이 바로 치유의 시작이다.

 반대로, 이런 과정을 거치지 않으면 우리는 쉽게 타인에게 의존하게 된다. 자신의 불안과 결핍을 타인이 채워주길 기대하며, 그들에게 해결을 요구하게 된다. 이는 미성숙한 의존적 태도로 이어져 정서적 성장을 방해하고, 심지어 중독과 같은 상태로 빠질 위험까지 있다. 이런 상태에서는 타인의 도움만으로 내 상처를 해결하려는 집착에 매달리게 된다.

 이러한 의존적 태도를 극복하는 데 필요한 것은 바로 '애도'의 과정이다. 애도란 나의 아픔을 정면으로 바라보고, 충분히 이해하며, 슬퍼하고, 그 상처를 떠나보내는 여정이다.

내면의 상처를 직시하고, 아픔을 온전히 느끼며 충분히
슬퍼하며, 그 뒤에 오는 그리움을 받아들인 후 비로소
그것을 놓아주는 것이다.

이 과정을 통해 우리는 과거의 상처로부터 자유로워지고,
새로운 관계를 맺을 준비를 할 수 있게 된다. 상처와 결핍을
치유하고 떠나보낼 때 지금과 미래의 관계를 보다 건강하고
성숙하게 형성할 수 있다. 만약 이 애도 과정을 건너뛰고
문제를 해결하려 한다면, 우리는 계속해서 타인에게
의존하게 되는 악순환에 머물게 될 것이다.

관계에서 받은 상처는 관계를 통해 치유된다. 스스로의
아픔을 인정하고 깊이 애도하며 치유할 때, 비로소 새로운
관계로 나아갈 수 있는 길이 열리게 된다.

성적인 행동을 멈추어야 할까?

 우리가 진정으로 추구해야 할 것은 단순히 특정 행동을 하거나 하지 않는 것에만 초점을 맞추는 것이 아니다. 예를 들어, 성적인 행동을 할지 말지를 기준으로 삶을 판단하는 것은 더욱 근본적인 변화나 성장을 끌어내는 데 한계가 있을 수 있다. 물론, 자신의 노력이나 성과를 점검하거나 스스로를 격려하는 차원에서 이런 지표를 활용할 수 있을 것이다. 하지만 결국 가장 중요한 것은 타인과의 관계 속에서 얼마나 깊은 친밀감을 느끼고, 자신을 열어 다가설 수 있었는지가 아닐까.

 외부적으로 맺는 관계에서는 상대방과의 경험이 어땠는지, 그리고 그 과정에서 얼마나 진실된 태도로 다가갔는지를 되돌아보아야 한다. 진정한 관계란 단지 표면적인 교류에서 그치지 않으며, 자기 자신의 마음을 열고 상대방과 깊이 연결되는 경험에서 비롯된다. 그러나 잊지 말아야 할 점은, 외부적인 관계만큼이나 자신과의 내면적 관계도 중요하다는 사실이다.

 처음에 "내가 나 자신과 어떤 관계를 맺어야 할까?"라는 질문은 조금 생소하거나 어색하게 느껴질 수 있다.
"스스로에게 무슨 말을 해야 하지? '너는 참 소중해' 같은
말을 내가 나에게 건네는 게 과연 무슨 의미가 있을까?"
하고 의문이 들 수도 있다. 마치 혼자서 독백을 읊는 것처럼
낯설고 어색할 수도 있으며, 진정성이 없는 행위처럼
느껴질지도 모른다.

 그러나 우리는 다른 사람에게 인정받기를 갈망한다.
누군가로부터 "넌 정말 멋지고 놀라워"라는 말을 듣고
싶어하지만, 막상 그런 말을 들었을 때 제대로 받아들이지
못할 때가 많다.
"네가 날 얼마나 안다고 그래?"
"겉모습만 보고 하는 말이겠지."
이런 식으로 반응하며, 칭찬이나 인정을 회의적으로
받아들이거나, 부담스럽게 느끼곤 한다.
나 자신을 먼저 인정하고 소중히 여기는 경험을 통해서만,
우리는 타인의 칭찬과 인정도 진정으로 받아들일 수 있게
된다. 타인이 건네는 인정은 순간적으로 기분을 좋게 할 수
있다. 그러나 그 기분은 감정의 파도처럼 일시적일 뿐,
돌아서면 사라져버린다.
타인의 인정이 마음속 깊이 뿌리내리지 못하고 다시
갈망으로 바뀌는 이유는, 내면에 스스로를 인정하는 토대가
마련되지 않았기 때문이다. 자신을 먼저 인정하는 태도가
마련될 때, 타인의 인정도 비로소 내재화될 수 있다.

그러고 난 후에 우리는 타인과도 더 건강하고 진정성 있는 관계를 맺을 수 있다. 자기 자신과의 친밀함이 곧 외부 세계와의 연결을 더욱 풍요롭고 의미 있게 만들어가는 첫걸음이 될 것이다.

성숙한 의존 관계로 나아가기

 성숙한 의존 관계로 나아가기 위해서는, 먼저 유아기 시절 엄마와의 융합적 관계를 이해하고 이를 초월해야 한다. 생애 초기에는 엄마와 하나로 연결된 상태 속에서 자신의 존재감을 느끼지만, 진정으로 성숙한 관계는 엄마나 다른 대상을 자신의 뜻대로 통제하려는 시도를 내려놓고, 그들을 독립적인 존재로 받아들이는 데서 출발한다.

 이러한 과정을 통해 우리는 외부 대상에게 지나치게 의존하지 않고, 독립적이면서도 건강한 방식으로 새로운 관계를 형성할 수 있다. 즉, 내 뜻대로 되지 않는 외부 대상을 수용하면서도 스스로와의 관계를 새롭게 정립하는 것이 필요하다. 자신을 인정하고 돌보려는 노력이야말로 외부 세계와 성숙하고 균형 잡힌 의존 관계를 맺는 토대가 된다.

 자신을 수용하고 존중하는 일은 단지 개인적인 문제에 국한되지 않는다. 이는 외부 대상과의 진실하고 건강한 연결을 구축하기 위한 필수적인 과정이다. 많은 경우 사람들은 부모와의 초기 관계에서 비롯된 유아적 의존 관계를 성인이 되어서도 유지하곤 한다. 부모를 자신의 뜻에 맞게 바꾸려 하거나, "내가 원하는 방식으로 사랑받아야 해"라는 요구를 계속하는 태도는 이러한 미숙함을 드러낸다. 이는 종종 배우자나 자녀와의 관계로 전이되며, 다음과 같은 형태로 나타난다.

"당신이 나를 사랑해줘야만 내가 존재할 수 있어."
"내 마음을 이해해주지 않으면 나는 아무것도 할 수 없어."

 이러한 태도는 여전히 유아적 의존 상태에 머물러 있음을 반영한다. 이는 어린 시절 부모와의 융합적 동일화에서 벗어나지 못한 상태로, 타인을 독립적인 존재로 바라보지 못하고 그들을 자신의 욕구를 채워 줄 대상으로만 보는 경향이다. 만약 여전히 부모를 자신의 뜻대로 통제하려 하거나, 그들의 사랑과 인정을 얻으려 애쓴다면, 이는 성숙한 독립 단계에 도달하지 못했음을 의미한다.

 분화가 이루어진 상태에서는 부모와의 관계에서도 감정적으로 자유로워질 수 있다. 예를 들어, "엄마와 아빠가 나를 인정하지 않아도 괜찮아. 나는 내 삶을 살 거야" 또는 "부모의 인정이 내 삶의 목표가 될 필요는 없어"와 같은 인식이 가능해진다. 이는 부모를 포함한 타인과의 관계 속에서 더 큰 감정적 독립성을 가지게 함으로써, 자신을 보다 성숙하고 유연하게 표현할 수 있는 능력을 키운다.

성숙한 관계는 이제 타인의 반응에 지나치게 의존하지 않고, 자신의 삶에 책임을 지며, 타인과 효과적으로 소통하는 데서 시작된다. 상대의 입장을 충분히 이해하면서도 자신의 감정과 욕구를 명확히 전달할 수 있는 태도를 갖추는 것이 중요하다. 타인이 내 뜻대로 움직이지 않을 때에도 좌절하거나 포기하는 대신, 적극적이고 진솔한 소통을 통해 관계를 조율하려는 노력이 필요하다. 이러한 소통의 기술과 태도는 분화를 이룬 성숙한 상태에서 더욱 잘 형성될 수 있다.

따라서 성숙한 의존 관계는 개인적 성장뿐 아니라 타인과 건강하게 연결되는 삶의 중요한 기반이다.

여전히 부모나 다른 대상에게 인정받고자 하는 욕구가 강하다면, 이는 개인의 분화가 아직 충분히 이루어지지 않았음을 보여준다. "내가 원하는 인정을 받아야만 행복할 수 있다"라는 태도는 유아적 의존 관계에서 벗어나지 못한 상태를 나타낸다. 하지만 분화를 통해 이러한 의존성을 극복하면, 타인과의 관계에서도 더 자유롭고 건강한 소통이 가능해진다.

회복과 성숙: 마음의 어른이 되는 길

 진정한 회복이란 단순히 행동을 바꾸는 데 그치지 않고, 마음이 성숙한 어른이 되는 것을 의미한다. 이는 단순히 나이가 많아 어른으로 여겨지는 것이 아니라, 심리적·정서적으로 성숙한 상태를 뜻한다. 성숙한 어른은 자신의 욕구를 타인에게 강요하지 않고, 자신의 감정을 스스로 책임질 줄 안다. 마음의 어른이 된다는 것은 다음과 같은 과정을 포함한다.

*분화의 과정
타인은 나와 다른 독립된 존재임을 인정하는 것이다. 부모든, 배우자든, 자녀든 누구나 "내 마음대로 할 수 없는 존재"로 받아들이는 태도가 중요하다.

*타자 존중
타인을 독립적인 존재로 존중할 때 비로소 건강한 관계가 가능해진다. "당신은 당신의 삶을 살고, 나는 나의 삶을 살아간다."라는 태도는 성숙한 관계의 기본이며, 서로를 있는 그대로 존중하는 것이다.

타인을 독립적인 존재로 인식하면서 관계를 맺게 되면 상호작용의 질이 근본적으로 달라진다. 상대방을 나의 욕구를 충족시키기 위한 도구로 여기지 않고, 존중받아야 할 사람으로 대하게 된다. 이런 전환은 유아적 의존에서 벗어나 성숙한 관계로 나아가는 중요한 발걸음이다.

- 타인은 나를 위해 존재하지 않는다.
- 내가 원하는 것은 스스로 이루어낼 수 있다.

부모님과의 관계에서 특히 이러한 태도가 필요하다. 부모님을 독립된 존재로 받아들이며 현실적인 범위에서 관계를 맺는 것이 중요하다. 부모가 나에게 무엇을 해주길 기대하거나, 반대로 내가 부모의 삶 전체를 책임지고자 하는 태도는 분화되지 않은 상태를 나타낸다. "도리를 다해야 한다"라는 강박적 생각보다는 내가 할 수 있는 만큼 관계를 유지하는 것이 더 중요하다.

만약 부모님이 자녀에게 지나치게 의존하거나, 자녀가 그 모든 요구를 감당해야 한다고 느낀다면 이는 심리적 독립이 이루어지지 않은 상태다. 분화된 사람은 부모님의 요구 중 자신이 감당할 수 있는 부분과 그럴 수 없는 부분을 명확히 구분하며, 부모님의 삶에 대한 모든 책임을 떠안지 않는다.

연로하신 부모님께 가능한 범위 내에서 도움을 드리는 것은 자연스러운 일이다. 하지만 부모님의 삶과 운명을 온전히 내 책임으로 여기는 태도는 결국 자신의 삶을 희생하게 만든다. 부모님 또한 자신의 삶에 대한 책임이 있음을 이해해야 하며, 자녀가 그 모든 것을 해결해줄 수는 없다. 성숙한 어른으로 살아가기 위해서는 이와 같은 경계 설정이 필요하다.

　성경에서도 "자기 십자가를 지라"고 했지, "남의 십자가를 지라"고 하지는 않는다. 각자의 삶에는 각자가 짊어져야 할 고유한 몫이 있다. 부모님의 삶은 부모님 자신의 몫이며, 자녀가 그 몫을 온전히 떠안아야 하는 것은 아니다. 부모님의 삶을 완전히 책임지려는 태도는 자녀 자신의 삶을 소모하게 만든다. 이러한 태도는 건강한 관계를 유지하기 어렵게 하고, 자신마저도 자신의 십자가를 제대로 지지 못하게 한다. 따라서 자신의 책임을 다하며, 도울 수 있는 한도 내에서 현실적으로 부모님을 돕는 것이 중요하다. 부모님의 선택과 그 결과에 대한 책임은 결국 그분들의 몫임을 인정해야 한다.

　올바른 관계는 독립성과 연결성을 동시에 담고 있다. 성숙한 의존이란 서로를 필요로 하되, 절대적으로 기대지 않는 상태를 말한다. 우리는 사회적 존재로서 상호 의존하며 살아가지만, 유아적인 의존과는 구별된다. 성숙한 의존은 "당신 없이는 살 수 없어"라는 태도가 아니라, "당신이 필요하지만 나는 내 삶을 책임질 수 있다"라는 입장에서 이루어집니다. 이런 관계 안에서 진정한 사랑이 피어난다. 인간은 관계를 통해 사랑을 느끼고, 이를 나누며 살아가는 존재이다. 이 사랑은 삶의 방향성을 제시하고 우리에게 깊은 의미를 부여한다.

그러나 성중독처럼 사랑의 본질이 왜곡되는 상황에서는 쾌락이 사랑과 관계의 목적으로 대체된다. 사랑과 의미를 찾아야 할 관계가 피상적이고 단절된 채로 남고, 진정한 연결과 사랑은 사라져버린다. 이런 상태에서는 삶의 자유와 행복 역시 충분히 누릴 수 없다.

우리는 늘 배우고, 치유하며, 변화하기 위해 노력한다. 하지만 과거의 일을 온전히 정리하지 못하고 새로운 것을 쌓으려 하면서 어려움에 부딪히곤 한다. 이는 마치 오래된 아파트를 재건축하려 할 때, 기존 건물을 전부 철거하지 않거나 일부가 철거를 막는 것과 같다. 설계도에 맞는 새로운 건물을 짓지 못하는 것처럼, 우리의 삶도 과거의 불완전한 틀을 버리지 못하면 성장과 변화를 이루기 어렵다.

우리가 과거의 유아적 의존 상태나 초기 애착 대상을 내려놓지 못한다면, 새로운 삶이나 관계에서는 동일한 패턴이 반복된다. 예컨대 어린 시절 부모에게 사랑받고자 했던 강렬한 욕구를 포기하지 못하면 현재의 관계에서도 비슷한 기대와 실망이 이어진다. 이로 인해 진정한 자유와 행복을 경험하기 어렵게 된다. 온전한 회복과 성숙은 과거의 일차적 동일시 대상, 즉 어린 시절 의존했던 대상을 포기하는 데서 시작된다.

 성숙한 의존은 타인을 독립된 존재로 존중하면서 동시에 서로를 필요로 하는 균형 잡힌 관계를 지향한다. 우리는 타인과 연결될 때 비로소 성장하며, 이러한 관계 안에서 삶의 의미와 목표를 되찾는다. 서로를 집착하지 않으면서도 따뜻하게 기댈 수 있는 균형을 이루는 것이야말로 진정한 삶의 기술이라 할 수 있다.

계산된 삶의 태도

 사랑을 나누는 법을 배우지 못한 사람은 길을 잃은 여행자와 같다. 방향을 모르다 보니 엉뚱한 길로 들어서고, 결국 목적지에 도달하지 못한 채 방황하게 된다. 이 문제를 해결하려면 우리의 삶에서 습관과 태도를 점검하는 것부터 시작해야 한다. 변화는 커다란 결심에서 비롯되지 않는다. 일상 속 작은 습관과 태도를 하나씩 바로잡는 것으로부터 시작된다.

 예를 들어, 누군가 약속 시각에 30분 늦었다고 생각해 보자. 화가 난 우리는 이렇게 말할 수 있다.
"네가 늦어서 내가 화가 났어. 시간을 이렇게 낭비하다니 정말 무책임하군!"
하지만 여기서 중요한 질문은 다음과 같다.
"그 화는 과연 누구의 것인가?"

 감정은 본질적으로 내 소유입니다. 상대가 늦었기 때문에 화가 나는 것은 사실이지만, 그 감정을 어떻게 다루고 책임질지는 전적으로 나 자신에게 달려 있습니다. 어떤 사람은 30분 지각한 친구에게 화를 내지만, 어떤 사람은

"괜찮아, 다음엔 조금 더 일찍 나와줘"라며 웃으며 넘길 수도 있다. 왜 이런 차이가 생길까요?
이 차이는 감정을 선택하고 표현하는 방식에서 비롯된다.

 우리는 흔히 누군가 화를 낼 때 겉으로 보기에는 즉흥적으로 화를 내는 것처럼 보이지만, 사실 이는 무의식적으로 계산된 행동이다. 상대를 변화시키고자 하는 의도가 감정 뒤에 숨겨져 있다. "내가 상대의 잘못에 화를 내야 상대가 이런 행동을 다시 하지 않을 거야"라고 생각하며 반응한 것이다.

 사실 사람은 누구나 자신만의 계산된 방식으로 살아간다. 어떤 사람은 상대를 비난하며 강하게 압박해 자신이 원하는 것을 얻으려 한다.
"내가 이렇게 강하게 나가면, 상대가 겁을 먹고 내 뜻에 따르겠지."
이러한 생각이 그의 행동 방식을 좌우한다. 반대로 또 다른 사람은 자신을 연약해 보이게 하며 부탁하는 전략을 선택한다.
"내가 이렇게 애원하면, 상대가 나를 돕고 내가 원하는 방향으로 행동해주겠지."

 이 역시 계산된 방식이다. 이런 행동들은 우발적으로 보일 수 있지만, 사실 어린 시절부터 경험하고 학습해 온 생존 전략의 산물이다. 시간이 흐르며 반복적으로 택한 방법들이 결국 우리의 일상적 행동으로 굳어진 것이다. 얼핏 자동 반사처럼 보이지만, 실은 모두 의식적 혹은 무의식적인 계산의 결과이고 이것이 바로 성격이 된다.

 어떠한 한 사람이 신랄하게 비난하며 상대방을 통제하려 한다.
"모두 네 탓이야. 네가 잘못했으니 사과하고 내 말대로 해!"
또 다른 사람은 자신을 불쌍하게 보이며 도움을 호소한다.
"저 정말 너무 힘들어요. 제발 도와주세요. 이 상황을 도저히 감당할 수 없어요."

이 두 가지 태도 중 어느 쪽이 더 성숙한 모습일까? 사람의 태도는 상황과 목표에 따라 달라질 수 있다. 하지만 상대를 비난하지 않고, 자신의 어려움을 솔직히 털어놓으며 도움을 요청하는 태도가 심리적으로 더 성숙한 모습으로 여겨질 수 있다. 이는 멜라니 클라인(Melanie Klein)의 이론에서 말하는 "우울적 자리(Depressive Position)"와 가까운 태도다. 우울적 자리는 타인을 독립적이고 온전한 존재로 인정하고 상호작용을 시도하는 상태로 나가기 위한 필수 자리이다. 이는 어린 시절의 "편집-분열적 자리(Paranoid-Schizoid Position)"보다 심리적 성숙도가 높은 단계로 간주하기 때문이다.

편집-분열적 자리는 타인을 흑백논리로 판단하며 좋거나 나쁜 극단으로 구분하려는 경향에서 비롯된다. 이것은 어린 시절의 방어기제 중 하나로, 타인을 통제하려는 강한 욕구가 수반되곤 한다. 그러나 주목할 점은 비난이나 읍소 같은 양극단의 태도 모두 계산된 전략적 요소를 내포하고 있다는 것이다. 상황에 따라 이 태도가 효과적으로 활용될 수 있어서, 단순히 한쪽이 더 발달되었다고 판단하기는 어렵다. 다만 전반적인 그 사람의 태도의 흐름을 보면 좀더 선명해지리라 생각된다.

성숙은 행동의 겉모습만으로 판단할 수 있는 것이 아니다. 어린 시절 형성된 전략은 대개 특정 패턴에 고착되기 쉽다. 예를 들어, 편집-분열적 자리에 머물러 있는 사람은 상대를 비난하고 통제하려는 방식에 의존하는 반면, 우울적 자리에 있는 사람은 도움을 요청하는 전략을 반복적으로 사용한다. 이러한 전략의 고착은 대체로 초기의 엄마와의 관계에서 비롯된다.

좌절감을 준다는 느낌을 줄 만큼 충분히 기대를 충족시키지 못한 엄마와의 경험 속에서 아이는 심리적 안정과 애착 욕구를 충족하기 위해 통제 욕구를 발달시킨다. 엄마가 자신의 뜻대로 행동하지 않거나 만족을 주지 않을 때, 아이는 엄마를 통제하려는 자기만의 전략을 형성한다.

그러나 성숙한 어른이라면, 상황을 분석하고 적절한 전략을 유연하게 선택할 수 있어야 한다. 문제는 많은 사람이 어린 시절의 경험에서 형성된, 고착된 전략에 의존하며 이를 계속 반복한다는 점이다. 과거에 효과적이었다고 생각한 방식이 현재에도 똑같이 유효하다고 믿기 때문인데, 이로 인해 새로운 선택지를 고려하지 않게 되는 것이다.

진정한 성숙은 자신의 반응을 자각하는 데서 출발한다. 내가 왜 이런 감정과 행동을 보이는지 이해하고, 그것이 과거의 선택에서 비롯된 하나의 전략임을 깨닫는 것이다. 그리고 그 전략이 지금도 유효한지 스스로에게 묻는 과정이 필요하다.
"이 방식이 여전히 나에게 도움이 될까?"
"다른 선택의 여지가 있지는 않을까?"

이 질문들에 답할 수 있을 때, 우리는 일상적인 반응의 자동성에서 벗어나게 된다. 성숙함이란 단순히 화를 내거나 울며 호소하는 것이 아니다. 성숙은 특정한 하나의 방식에 얽매이지 않고, 상황에 알맞은 태도를 의식적으로 선택할 수 있는 능력에서 비롯된다. 어린 시절부터 익혀온 통제하려는 욕구와 고착된 패턴을 내려놓고, 더 많은 가능성을 받아들일 때 우리는 비로소 관계 속에서, 그리고 삶 자체에서 진정한 자유와 균형을 체험하게 된다. 그것은 바로 그 순간에 의식적으로 자신의 반응을 선택할 수 있는 자유를 가지는 것이다. 그리고 그러한 자유는 외부에서 주어지는 것이 아니라, 스스로 찾아내고 키워가야 한다.

잃어버린 것을 되찾으려는 몸부림

 괴로움은 인간의 내면 깊숙이 자리한 심리적 갈망과 상처를 조명하고 있다. 우리의 마음속에는 어린 시절 겪었던 경험과 이에 따른 잔상이 여전히 숨 쉬고 있다. 엄마와의 관계는 아이에게 첫 번째 세상이고, 모든 것이었다. 아이의 시선에서 엄마는 완벽한 존재로 그려진다. 끊임없는 관심과 무조건적인 사랑을 줄 것이라고 기대하는 중심축이다.

 하지만 현실의 엄마는 완벽하지 않았다. 그녀는 종종 아이의 요구를 충족시키지 못했고, 이는 아이의 마음속에 작지 않은 좌절과 결핍을 남겼다. 이러한 결핍은 어린 시절의 아픔을 넘어, 성인이 된 이후에도 그 영향력을 행사한다. 좌절은 강렬한 갈망을 낳고, 이는 통제와 보상에 대한 강박적 욕구로 변질된다.

 "내가 왜 원하는 것을 얻지 못할까?"라는 질문은 단순한 의문에서 벗어나 점차 우리가 무언가를 소유하거나 현실을 통제하려는 욕망으로 진화한다. 하지만 삶은 우리가 상상한 것처럼 녹록지 않다. 좌절된 통제 욕구는 은밀하게 숨겨져 다른 형태로 나타난다. 쾌락, 환상, 그리고 자기만족의 행동으로 그 욕구를 충족시키려 한다. 음란물, 자위행위, 관음증 등은 모두 잃어버린 안정과 통제력을 되찾으려는 시도라고 할 수 있다.

 음란물은 나만의 통제된 세계를 제공한다. 원하는 것을 보고, 스스로 중단할 때와 시작할 때를 선택할 수 있는 공간이다. 여기서 우리는 "모든 것이 내 뜻대로 돌아간다"라고 느낀다. 관음증 속에서는 타인을 관찰하며 권력감을 얻는다. "나는 너를 알고 있지만, 너는 나를 모른다"라며 자신이 더 높은 위치에 있다는 감각이 자리한다. 자위행위는 순전히 개인적인 통제와 연결된다. "내 손안에서 모든 것이 완벽하다"라고 느끼며, 스스로 자신의 감정적 결핍을 위로한다.

 그러나 이 모든 행위의 바탕에는 공통된 근원이 있다. 그것은 어린 시절 충족되지 못한 안정감, 따뜻함, 그리고 사랑에 대한 갈망이다. 이를 채우기 위해 우리는 각자의 방식으로 잃어버린 것을 되찾아보려 하지만, 그 뒤에는 피할 수 없는 공허함이 남는다. 순간적인 쾌락은 결핍을 근본적으로 해결하지 못하며, 이러한 경험들 속에서 우리는 여전히 채워지지 않은 마음으로 남게 된다.

 이를 극복하기 위해서는 보상 심리와 통제 욕구에서 벗어나야 한다. "고통스러우니 보상을 받아야 한다"라는 생각이나 "누군가를 통제하면 안정감을 느낄 수 있다"라는 믿음을 내려놓고, 스스로 깊은 내면의 결핍과 마주해야 한다. 결핍을 치유하는 진정한 시작은 자신의 현재 상태를 받아들이고 인간관계 속에서 온전한 사랑을 경험하는 데서 나온다. 통제가 아닌 자유, 소유가 아닌 진정한 애정을 통해 우리는 자신을 치유하고 풍요로운 삶으로 나아갈 수 있다.

 마음속 위안을 찾고자 할 때, 우리는 종종 본질에서 벗어나 엉뚱한 곳에서 그것을 구하려고 한다. 내면의 불안을 다스려야 할 상황에서 외부적 자극을 이용해 이를 해결하려 한다. 이는 마치 다리가 가려운데도 머리를 긁는 것과 같은 이치다. 잠시 겉으로만 안정된 것처럼 느껴지지만, 진정으로 필요한 해결은 이루어지지 않은 채 불편함은 여전히 남는다.

 엄마와의 관계에서 비롯된 결핍감과 불안 역시 이와 비슷하다. 당시 경험했던 상실감과 통제 욕구는 내면적 치유가 요구되지만, 우리는 종종 외부에 의존하여 이 공허함을 덮으려 한다. 성적 쾌락, 술, 마약, 도박 등과 같은 자극들이 이러한 예에 해당한다. 그러나 이는 진정한 치유로 이어지기보다는 단기적인 해소와 자극에 그치는 경우가 많다.

 엄마가 부재한 상황에서 아이에게 주어진 공갈 젖꼭지를 떠올려보자. 잠깐의 위안을 줄 수는 있지만, 엄마의 따뜻한

품이나 사랑, 안정감을 대신할 수는 없다. 마찬가지로,
외부적 자극이나 성적 쾌락도 순간의 안정감을 제공할지는
몰라도, 마음속 깊은 곳에 자리한 불안을 근본적으로
해결하지 못한다.

 중독은 단순히 하나의 요인에 의해 발생하기보다는, 다양한
심리적·환경적 요소들이 얽혀 나타나는 복합적인 현상이다.
그중에서도 성 중독은 술, 마약, 도박 등 다른 중독들과
밀접하게 연관되어 있다. 인간은 타인과의 관계를 통해
자신을 형성하고 내적 세계를 구축한다. 하지만 중독은
이러한 관계를 대체하고 왜곡시키는 역할을 할 수 있다.

1. 성과 술: 관계 부재의 대리적 의존
술은 종종 사회적 긴장이나 불안을 완화하는 수단으로
사용하기에 타인과의 건강한 애착을 대신하는 대체물로
작용할 수 있다. 특히 성적 행동과 술이 결합될 경우 술은
순간적인 친밀감과 연결감을 인위적으로 증폭시키는 역할을
한다. 하지만 이는 실제 관계에서 얻어지는 깊은 유대감이
아니라 일시적인 쾌락에 불과하다. 시간이 지날수록 이러한
관계 대체 행위는 점점 더 강한 의존으로 이어지며, 술이
성적 행동을 촉진하고 다시 성적 경험이 술을 강하게 찾게
만드는 악순환이 형성된다. 이는 근본적으로 결핍된 관계의
욕구를 왜곡된 방식으로 충족하려는 시도로 해석될 수 있다.

2. 성과 마약: 강렬함 속 상실된 대상을 찾으려는 시도
마약은 현실의 고통이나 결핍에서 벗어나기 위해 강렬한 감각적 경험을 제공한다. 마약은 내면의 상처나 결핍을 메우려는 비정상적이고 왜곡된 대상 찾기(또는 내적 나쁜 대상을 죽이는)로 이해될 수 있다. 특히 마약이 성적 흥분과 결합될 경우 이는 상실된 대상, 즉 사랑, 애정, 안전과 같은 근본적인 욕구를 대체하려는 극단적인 방법으로 나타난다. 그러나 이러한 방식은 실제 문제를 해결하지 못할 뿐 아니라 더욱 심화된 공허감과 흥분에 대한 갈망을 남긴다. 결국 더 강렬한 자극을 추구하게 되는 결과로 이어지며 중독의 악순환이 강화된다.

3. 성과 도박: 인정 욕구와 흥분의 모방
도박은 승패로 인한 긴장과 흥분을 통해 현실에서 느끼는 불안이나 결핍을 일시적으로 잊게 만든다. 도박은 관계에서 채우지 못한 인정을 받고자 하는 욕구나 성취감을 대리적으로 충족하려는 시도로 볼 수 있다. 특히 성적 흥분과 도박 특유의 스릴이 결합하면, 이는 강렬한 감정을 유발하며 서로를 강화하는 관계를 형성한다. 그러나 이 둘의 결합은 끊임없는 자극 추구를 초래하며, 결국 더 큰 실패감이나 결핍으로 이어진다.

결국, 이러한 성과 다른 중독 간의 상호작용은 인간의 본질적인 관계 욕구가 제대로 충족되지 않았을 때 발생하는

왜곡된 대체물로 볼 수 있다. 본질적으로 이러한 문제를 해결하기 위해서는 외부 자극에 의존하기보다는 내적 결핍을 직면하고 건강한 관계를 회복하려는 노력이 필요하다.

 모든 중독 행동은 겉으론 각기 다른 형태를 띠고 있는 것처럼 보이지만, 그 근본적인 원천은 동일하다. 외부적인 것에 의지해 내면의 불안을 달래려는 시도가 중독의 중심을 이루고 있다.

 궁극적으로 마음의 불안은 스스로 마주하고 다스릴 수 있어야 한다. 진정한 치유는 자신과의 관계를 통해 시작되며, 내면의 불안을 이해하고 받아들이는 과정에서 이루어진다. 중요한 것은 위안과 치유가 외부에서가 아니라 자신의 내면 깊은 곳에서 비롯되어야 한다는 점을 잊지 않는 것이다.

삶의 선택과 후회

인간이 내면 깊숙한 곳에서 잃어버린 대상―진정한 자아나 타인과의 온전한 연결―을 찾고자 하는 끊임없는 열망에서 비롯된다. 성전환을 선택하는 과정 역시 이런 갈망이 영향을 미칠 수 있는 영역 중 하나다.

1. 정체성 탐색과 왜곡된 대상 추구
인간은 어린 시절 주요 대상(부모, 보호자, 사회)과의 상호작용 속에서 정체성을 형성한다. 하지만 이런 관계가 충족되지 못하거나 왜곡될 경우, 그 결과로 깊은 공허감과 불안이 자리 잡는다. 성 정체성의 혼란 역시 이러한 근본적인 결핍과 연결될 수 있다.

성전환을 선택한 일부 사람들은 자신의 본질을 더 진정성 있게 표현하고자 성별의 변화를 시도하지만, 기대했던 이상과 현실 사이에서 갈등을 겪는 일도 있다. 성전환 과정에 내재된 "완전한 자아"로서 자기를 받아들이고 싶은 욕구는 본질적으로 대상(타인, 사회 또는 자기 자신)으로부터의 인정 욕구를 반영한다.

2. 기대와 현실의 괴리: 인정받고자 하는 투쟁

성전환을 계획하거나 이미 실행한 사람들이 종종 품는 대표적인 기대는 다음과 같다.

- 성별을 바꾸면 더 행복해질 것이다.
- 사람들이 나를 더 긍정적으로 바라볼 것이다.
- 내가 나를 더 만족스러워할 것이다.

이러한 기대는 "이상화된 대상의 투영"으로 볼 수 있다. 즉, 성전환이라는 극적인 변화가 내면적 결핍을 완전히 해소하고 삶의 문제들이 해결될 것이라는 믿음이다. 그러나 성전환 후에도 자신이 충분히 인정받지 못하거나 기대했던 사랑과 지지를 얻지 못했을 경우, 더 큰 상실감과 실망감을 느낄 수 있다. 결국, 외적 변화를 통해 내면의 공허를 치유하려는 시도가 현실적 한계에 부딪히게 되는 것이다.

3. 후회의 심리: 환상의 붕괴와 진정한 자아 찾기

삶의 어느 시점에서 성전환을 선택한 사람이 후회를 느끼기도 한다. 그들은 자신에게 다음과 같은 질문을 던질 수 있다.

- "내가 원하는 삶은 정말 이런 모습이었을까?"
- "내 결정이 현재 상황의 원인이었을까?"

이러한 후회는 환상의 붕괴를 나타낸다. 성전환을 통해 발견하려던 "대상"―진정한 자아, 혹은 타인의 인정과 사랑―이 실제로는 환상임을 깨닫게 되는 순간이다. 성전환이라는 선택이 내면의 평화와 만족을 보장하지 않는다는 점이 드러날 때, 오히려 더 깊은 상실감을 경험하며 자신을 다시 잃은 상태로 되돌아갈 가능성이 있다. 내면이 변하지 않으면 어떤 외적인 변화도 지속적인 만족이나 행복을 가져다줄 수 없습니다. 이는 단순히 상황을 바꾸는 것이 아니라, 자신의 내면 문제를 직시하고 있는 그대로 자신을 받아들이며 더 건강한 방향으로 나아가는 과정이 된다. 이것이야말로 진정한 치유와 변화의 첫걸음이다.

우리는 종종 환상을 좇는다. 눈앞에 보이는 그 환상은 손을 뻗으면 닿을 것처럼 가까워 보인다.
"이 길만 가면 내가 원하는 모든 것을 얻을 수 있을 거야."

그 환상은 화려하고 완벽해 보이며 쉽게 우리를 매혹한다. 그러나 막상 그 길을 걸어보면 현실은 환상과 전혀 다르다는 것을 깨닫게 된다.
"이게 아니었구나."

그리고 실망과 좌절, 후회가 찾아온다. 하지만 그 자리에서 멈추거나 되돌아가기는 쉽지 않다. 진정한 해결책은 환상의 실패를 억지로 되돌리는 것이 아니라 그 실패를 통해 내면의 진짜 욕구와 문제를 발견하고 변화하기 위한 계기로 삼는 것이다. 이는 어려운 일이지만, 가장 의미 있는 선택이며 진정한 성장으로 이어질 수 있다.

성 중독을 비롯한 다양한 중독의 근원에는 늘 환상이 자리한다.
그 환상은 강렬하다. 너무 강렬해서, 사람들은 그 환상에 독특한 의미를 부여한다. 환상은 단순한 상상이 아니다. 그것은 세상을 바라보는 렌즈가 되고, 때로는 삶을 끌어가는 동력이 된다.

환상을 통해 사람들은 자기 행동을 정당화한다. 그리고 그렇게 함으로써, 자신들이 옳은 선택을 했다고 믿고 싶어 한다. 그 믿음을 지키기 위해 스스로를 끝없이 그 방향으로 몰아붙이기도 한다.
"이게 맞아. 이렇게 해야 내가 행복해질 수 있어."

그러나 그 믿음은 때로 마치 마법처럼 우리를 매혹시키며 이끌어간다. 환상은 사람을 끌어당기고, 그 강력한 끌림 속에서 우리는 종종 자신을 잃어버리곤 한다. 하지만 환상은 결국 현실과 마주할 수밖에 없다. 그렇게 완벽해 보였던 미래도, 그렇게 간절히 원했던 모습도 현실에서는 다르게 느껴지기 마련이다.

환상은 완전히 깨부숴야 할 대상이 아니다. 오히려 그것을
다시 바라보고 새로운 시각으로 재해석할 필요가 있다.
치유는 바로 여기에서 시작된다.

"왜 나는 이 환상을 따라가려고 했을까?"
"이 환상이 내게 어떤 의미를 주었기에 그렇게 집착했을까?"
"그리고 지금 나는 어디로 나아가고 싶은가?"

 자신을 환상의 속박에서 풀어주고, 그 속에 부여했던
지나친 의미를 내려놓는 일이야말로 내면의 본질로 돌아가는
첫 시작이다. 중요한 것은, 환상이 나를 속였다기보다는
내가 환상에 지나친 기대를 걸었다는 점을 깨닫는 것이다.

그 순간, 우리는 비로소 진정한 자유로 향할 수 있다.

같은 사건, 서로 다른 경험

 사람마다 세상을 바라보는 방식은 사뭇 다르다. 동일한 사건이 벌어져도 누군가는 그것을 기쁨으로, 또 다른 누군가는 심각한 고통으로 받아들일 수 있다. 한 가지 예를 들어보자 어떤 여성이 외간 남자가 자신을 성폭행해 줬으면 좋겠다는 독특한 상상을 한다고 가정해 봅시다. 이런 이야기는 언급 자체로도 낯설고 불편하게 느껴질 수 있지만, 현실적으로 그런 사람도 존재한다.

 그런데 그 여성이 상상했던 일이 실제로 일어난다면 어떨까? "드디어 내가 꿈꾸던 일이 현실이 됐다니! 너무 짜릿해!" 그녀는 그것을 흥미롭고 만족스러운 경험으로 생각할 수도 있다. 그녀는 이후로 매일 밤 그런 일이 또다시 일어나길 기대하며 설레는 마음으로 잠들지도 모른다.

 그러나 같은 사건이 다른 여성에게 벌어진다면 상황은 완전히 달라질 것이다.
"난 이제 끝났어. 너무 끔찍하고 충격적이야. 더 이상 살 의미가 없어." "나는 더럽혀 졌어"
그 여성은 엄청난 충격과 절망 속에 휩싸이고, 정신적

고통이 그녀의 삶 전체를 무너뜨릴 수도 있다.

 똑같은 사건이지만, 반응은 극단적으로 나뉘는 이유는 무엇일까? 그것을 결정짓는 것은 사건 자체가 아니라, 그 사건에 대한 개인의 해석과 의미 부여다. 한 사람은 그것을 자신이 원했던 특별한 경험으로 여기며 긍정적으로 받아들인다.
"이건 내가 꿈꾸던 모습이야. 내 삶에 색다른 흥미를 더했어."
하지만 다른 사람은 그것을 삶을 파괴하는 끔찍한 사건으로 느끼게 된다.
"난 이런 일을 원하지 않았어. 이 사건으로 내 모든 게 끝났어."

 삶은 단순히 연속적인 사건들의 집합이 아니다. 사람들은 각자의 방식으로 모든 사건에 의미를 부여하고, 그 과정을 통해 삶의 경험을 형성한다.
"나는 이 일을 어떻게 해석할 것인가?"
이 질문 하나가 우리의 삶의 방향을 바꿀 수 있다. 우리가 겪는 경험은 단순히 사건 자체가 아니라, 우리가 그 사건에 담는 의미에서 비롯되기 때문이다. 사건 그 자체는 중립적일 뿐이지만, 우리가 부여한 해석과 의미가 그것을 우리 인생의 일부로 만들어 버린다. 그리고 그 해석의 방식에 따라 우리의 삶은 완전히 다른 모습으로 펼쳐질 수 있다.

모든 사건은 본질적으로 중립적이다. 하지만 우리의 마음은 그저 가만히 있지 않는다. 마음은 끊임없이 해석을 시도하며, 때로는 그것이 우리를 구원하기도 하고, 반대로 우리를 파괴하기도 한다. 삶에서 우리가 겪는 경험은 결국 우리의 마음이 만들어낸 해석과 의미의 결과물이다. 같은 상황에서 누군가는 웃고, 누군가는 울게 되는 것도 이 때문이다.

　삶은 해석의 연속이며, 또한 해석의 예술이다. 우리가 어떤 시선으로 세상을 바라볼지, 어떤 의미를 부여할지에 따라 우리의 삶은 전혀 다른 방향으로 나아갈 수 있다.

성중독의 본질과 치유

성중독의 핵심은 심리적 발달이 유아적 의존 상태에서 멈춘 데 있다. 이런 현상은 어린 시절에 '엄마'라는 존재로부터 충분한 사랑과 안정감을 경험하지 못한 것이 원인으로 볼 수 있다. 성중독을 겪는 사람들은 무의식적으로 이상적인 엄마'를 찾고 있다. 여기서 말하는 엄마란 단순히 실제 어린 시절의 엄마가 아니라, 그들이 마음속에서 이상화하여 상상한, 자신의 기대와 욕구를 충족시켜 줄 '이상적인 엄마'를 의미한다.

남성이 유흥업소를 방문하는 행동은 내면의 깊은 곳에서 반복되는 질문, "엄마는 어디에 있어?"라는 애절한 외침의 한 형태로 볼 수 있다. 이는 정서적 결핍을 채우려는 시도로써, 그 결핍의 근본 원인은 이상적인 엄마와 만남을 갈망하는 무의식적 충동에서 비롯된다.

같은 맥락에서, 여성이 여러 남성과 관계를 맺으려 하는 경우 역시 "아빠는 어디에 있어?"라는 무의식적 질문과 연결될 수 있다. 그러나 이러한 갈망을 더 깊이 파고들면, 그 근본적인 출발점은 결국 '엄마'라는 최초의 존재로 다시 귀결된다. 이는 인간이 생애 최초로 관계를 맺는 대상이 엄마이기 때문이다.

 여성이라는 존재는 인류의 모든 관계와 경험 속에서 첫 대상이기에 매우 큰 영향을 지닌다. 엄마라는 존재는 단순히 개인을 넘어 인간 존재의 근원적 안정감과 사랑을 상징한다. 우리가 끊임없이 갈구하는 것은 어쩌면 이런 원형적인 사랑과 보살핌일지도 모른다.

 성중독에서 벗어나는 데 필요한 것은 '어른'으로 성장하는 것이다. 어른이 된다는 것은 자신의 삶을 스스로 책임질 수 있는 성숙함을 갖추는 것을 의미한다. 하지만 이를 위해서는 중요한 전제, 즉 '포기'가 필요하다. 우리는 엄마에 대한 의존을 내려놓아야 한다. 머리로는 "이제 엄마를 찾지 않아. 더 이상 필요 없어."라고 생각할 수 있을지 몰라도, 마음 깊은 곳에서는 여전히 따뜻한 돌봄과 무조건적인 사랑을 간절히 찾고 있다는 사실을 직시해야 한다.

 엄마를 찾는다는 것은 우리를 따뜻하게 환영하고, 수용하며, 사랑으로 품어주는 환경을 바라는 행위다. 이러한 갈망은 종종 좌절로 이어진다. 성중독자들이 사소한 거절에도 쉽게 상처받고 움츠러드는 이유가 바로 여기에 있다. 그들의 내면 깊숙이 자리한 결핍은 잃어버린 환경, 즉 사랑과 수용으로 가득 찬 공간에 대한 강렬한 그리움이다.

그렇다면 어떻게 이 유아적 의존에서 벗어나 진정으로
어른으로 성장할 수 있을까? 해답은 자신을 깊이 성찰하며
내면에 자리 잡은 갈망과 정면으로 마주하는 데 있다. "나는
아직도 엄마를 찾고 있구나"라는 깨달음을 통해 우리는
자신을 묶어두던 고리를 끊고 비로소 독립과 치유의 길로
나아갈 수 있다.

우리 모두의 마음속에는 어린아이 같은 본질이 자리하고
있다. 특히 중독의 고통을 겪고 있는 사람일수록 그 내면의
아이는 더욱 연약하며, 보호받고 싶은 욕구가 강하다.
일반적으로 부모는 아이를 따뜻하게 환영하고 사랑하며, 그
존재를 축복으로 여긴다. 하지만 현실에서는 모든 부모가
항상 아이에게 그토록 포용적인 태도를 유지할 수는 없다.
때로는 분노를 표출하고, 실망하거나, 통제하며 꾸짖는
순간도 있다.

따라서 우리는 이상적인 부모의 모습을 내려놓고, 현실 속
부모를 있는 그대로 받아들일 필요가 있다. 부모에게서
무조건적인 환영과 사랑만을 기대하는 환상을 버리고, 부모
역시 인간적 한계를 가진 존재임을 인정함으로써 자신의
삶과 세상을 보다 성숙한 시각으로 바라볼 수 있게 된다.

성중독에 빠진 사람은 성인이 되었음에도 불구하고 여전히
무조건적인 애정과 완전한 수용을 갈망한다. 그러나 현실

속에서 그러한 완벽한 수용을 얻는 것은 거의 불가능에 가깝다. 어쩌면 최고 권력을 가진 대통령이 되어 어디서나 환영받고 존경받는 경험으로 비슷한 만족감을 느낄 수 있을지 모르지만, 대부분의 사람에게 그런 것은 단지 공상에 불과하다.

결국 이러한 결핍과 갈증을 채우기 위해 현실을 외면하는 일이 반복된다. 그 결과, 중독에 빠진 사람들은 자신을 보호하기 위해 다양한 형태의 회피와 방어 전략을 선택하곤 한다.

 그중 하나는 돈을 통해 환영과 애정을 "구매"하는 방법이다. 금전적 대가가 지급되면 상대방이 자신을 거절하지 않을 것이라는 확신 속에서 일종의 안전감을 느끼게 된다. 또 다른 방법으로는 외부와 단절된 채 집에서 스크린을 통해 자신의 세계에 몰입하는 것이다. 이 경우, 거절당할 가능성을 아예 없애버림으로써 자신을 보호하려는 심리가 작용한다. 하지만 이러한 방식은 궁극적으로 더욱 깊은 고립과 상실감으로 이어질 뿐이다.

 회복과 성장의 시작점은 성숙한 "어른으로 거듭나는 것"에서 비롯된다. 여기서 어른이 된다는 것은 단순히 나이에 따른 변화가 아니라, 내면의 성장을 이루고 자기중심적인 사고방식에서 벗어나는 것을 의미한다. 흔히

"내가 했으니 너도 해야 한다"라는 사고방식은 유아적 의존심에서 기인한다. 이는 "내가 손해를 보면 안 된다", "나만 피해를 받아선 안 된다"라는 자기중심적인 감정이 짙게 깔려 있다.

 예를 들어, 내가 상대의 감정에 맞춰 행동하고 이를 통해 상대방에게 배려를 표현했다면, 자연스럽게 같은 배려를 받기를 기대할 수 있다. 하지만 상대방 입장에서는 굳이 그렇게 해야 할 이유를 느끼지 않을 수도 있으며, 이는 각자의 선택과 자유에 속한 문제라는 점을 받아들여야 한다.

 내가 상대방의 기분을 맞추는 행동은 오롯이 나의 선택이며 나의 결정이다. 설령 그 행동이 배려에서 비롯된 것이라 하더라도, 상대는 그것을 의식하지 못하거나 그 의미를 깊게 느끼지 못할 수 있다. 따라서 반드시 동일한 방식으로 나에게 반응해야 한다는 생각은 단순히 내 기대일 뿐, 상대방 입장에서는 전혀 인지하지 못할 가능성도 있다.

 그러나 우리는 종종 이러한 맥락을 잊고, 스스로 내린 선택과 행동에 대해 상대방 역시 같은 마음으로 화답하기를 바란다. 그리고 그 기대가 충족되지 않았을 때, 실망감에 빠지거나 심지어 분노를 느끼곤 한다. "내가 이렇게 노력했는데, 왜 저 사람은 나에게 똑같이 하지 않을까?"라는 의문이 들면서 분노는 점점 더 큰 불만과 세상에 대한 적대감으로 번질 수 있다.
이런 감정은 자기 방어와 고립으로 이어지고, 더 나아가
심리적 중독 상태를 심화시키는 악순환을 초래할 수 있다.

 그리고 우리가 타인을 위해 하는 행동조차, 사실은 자기
자신을 위한 경우가 많다. 즉, 내가 타인의 기분을 맞추려는
이유는 상대방이 편해야 내 기분이 좋아지기 때문이다.
이처럼 우리가 타인을 위해 한다고 생각했던 많은 행동이
사실은 자신의 안정과 필요를 위해 이루어진 것임을
깨달아야 한다.

 어른으로 성장한다는 것은 삶의 다양한 문제를 해결하는
능력을 갖추는 것을 의미한다. 압도적이고 고통스러운
순간에도 성적 쾌락이나 중독적 행동이라는 단 한 가지
방식에 의존하지 않고, 마음의 평화를 찾기 위한 다양한
방식을 모색할 수 있는 능력이다. 또한, 세상과의 관계를
이해하고 성숙하게 대처하는 태도를 배워야 한다.

 세상이 내가 원하는 대로 반응하지 않는 것은 나와 아무런
상관이 없다는 사실을 받아들여야 한다. 사람들이 나를
인정하거나 칭찬하지 않는다고 해서 그것이 나의 존재나
가치를 판단하는 기준이 될 수 없다. 세상은 저마다 각자의
방식으로 움직이며, 그것이 반드시 나에게 적대적이거나
우호적일 필요도 없다. 이러한 사실을 깨닫게 되면 우리는

더 이상 세상에 대해 실망하거나 분노하지 않게 된다.
"세상이 나에게 무엇을 해줘야 한다"라는 기대를 내려놓는
순간, 우리는 변화된 시각으로 세상을 바라보며 진정한
평화와 자유를 경험할 수 있게 된다.

　우리가 흔히 빠지는 함정 중 하나는 타인의 반응을 자신의
행동과 직접적으로 연결 짓는 것이다. 부끄러움이나 두려움
같은 감정은 대개 우리의 주관적인 생각에서 비롯되며, 그
생각은 사실일 확률이 매우 낮다. 예컨대, 내가 집에서 혼자
있을 때 자위행위하고 난 뒤에 "다른 사람들이 이걸 알면
뭐라고 생각할까?"라는 불안을 느끼지만, 실제로는 아무도
알지 못한다. 그런데도 우리는 자주 자신의 생각을 타인의
시각에까지 투영하게 된다.

　사람이 자신의 행동으로 인해 타인의 감정이나 행동이
전적으로 결정된다고 믿는 사고방식은, 심리적 미성숙이나
개인적 성장의 부족에서 비롯될 수 있다. 예를 들어, "내가
어제 성매매를 했으니 저 사람이 나를 피하는 거야," 혹은
"내가 음란물을 보고 자위를 했으니 저 사람이 나를
싫어하는 게 분명해"라는 생각들은 외부 요인보다는
자신에게 모든 책임을 돌리는 왜곡된 사고를 반영한다.

　이러한 사고는 자신이 모든 것을 통제할 수 있다는
전능감에서 비롯된다. 이는 마치 내가 어떤 행동을 하느냐에

따라 타인의 행동까지도 조종할 수 있다고 믿는 환상과 같다. 현실에서도 우리가 타인에게 화를 내면 상대도 화를 내거나, 우리가 친절하면 상대 역시 친절하게 반응하는 경우가 자주 있기 때문에, 이런 착각에 더욱 빠지기 쉽다. 하지만 이러한 상호작용은 어디까지나 두 사람 사이의 영향을 보여줄 뿐이며, 타인의 행동을 완전히 내 행동으로 결정짓는 것은 불가능하다.

 타인의 모든 선택은 결국 그들 자신의 몫이며, 우리의 행동이 영향을 줄 수는 있지만, 그것이 결정적 요인이 되는 것은 아니다. 이 차이를 이해하지 못하고 정신적 분화가 잘 이루어지지 않을 경우, 사람은 타인을 독립된 개체로 인식하기 어려워질 수 있다. 반대로 상호작용과 각자 고유의 선택 영역을 인정하면 비로소 타인을 독립된 존재로 받아들일 수 있고, 이것이 건전한 인간관계의 시작점이 된다.

 따라서, 이러한 관계적 성숙에 도달하지 못한다면 '내가 타인을 통제할 수 있다' 혹은 '통제해야 한다'라는 전능감의 영향 아래 놓이게 된다. 이는 실질적으로 상대와의 관계를 왜곡시키고, 진정한 인격적 교류를 방해하게 되는 것이다.

 내가 어떤 장소를 방문했든, 혼자만의 시간을 가졌든, 그것은 상대방의 태도나 반응에 직접적인 영향을 미치는 결정적 요인이 아니다. 사람들은 자신의 시각과 가치 기준에 따라 판단하고 행동하며, 그 결과는 내 행동 자체가 아니라 그들의 관점과 선택에서 나온 것이다.

그렇다면 우리는 왜 타인의 태도를 자기 행동과 연결 짓는가?
"내 행동이 이러니까 상대가 나를 싫어하는 게 당연하지 않을까?"
"나는 이미 부족하니까 사람들이 날 멀리하는 게 맞아."
이러한 생각은 본질적으로 내면의 자기 비난에서 시작된다. 특히 "나는 더럽다", "나는 잘못됐다"라는 식의 자기 평가가 강할수록, 그것이 타인의 평가에도 동일하게 반영될 것이라고 확신하게 된다. 이로 인해 우리는 관계에서 발생하는 갈등이나 거리감을 모두 자신의 잘못으로 돌리기 쉽다.

그러나 한 가지 명확히 알아야 할 사실이 있다. 상대의 선택과 행동은 오롯이 그들의 자유에 달려 있다. 이것을 이해하면 우리는 다음과 같은 깨달음을 얻을 수 있다:

- 상대가 나를 어떻게 대하든, 그것은 그들의 관점과 가치관에 의해 결정된다.
- 내가 타인의 태도를 통제할 수 없다는 사실을 받아들이는 것이 진정한 개인적 자유로 나아가는 첫걸음이다.

- 내가 한 특정 행동이나 실수가 나라는 사람 전체를 정의하지 않는다.
- 나의 행동이 상대방의 판단에 일부 영향을 미칠 수는 있어도, 궁극적인 결정권은 그들 자신에게 있다.

"나는 부족해서", "내가 잘못해서"라는 사고방식은 결국 내 안의 내면화된 부정적 결과일 뿐이다. 이제 우리가 할 일은 이런 비난의 고리를 끊어내고, 내가 실수했던 것과 타인이 나를 대하는 선택과 무관하다는 사실을 받아들이는 것이다.

 자유와 성숙함은 타인의 행동과 나 자신을 분리해서 바라보는 데서 시작된다. 타인의 반응은 어디까지나 그들의 판단과 선택에 의한 것이며, 내가 직접적으로 통제하거나 책임질 수 없는 영역이다. 이를 깨닫는 순간, 우리는 진정한 심리적 독립과 자유를 향해 한 발 더 다가갈 수 있을 것이다.

 회복은 결코 단번에 이루어지는 일이 아니다. 그것은 시간이 필요한 과정이며, 작은 변화와 성장을 소중히 여기고 축하하는 태도가 중요하다. 오늘 내가 조금 더 세상의 모습을 있는 그대로 받아들였다면, 그 자체로도 진일보한 것이다. 또한, 스스로의 기대를 내려놓는 연습을 하고, 하루 동안 또는 1주일 동안 세상에 한 번이라도 분노하지 않았다면, 그 역시 큰 성취로 간주할 수 있다.

중독으로부터의 회복은 단순히 지식을 습득하거나 이론을 이해하는 것으로는 해결되지 않는다. 중독자들은 종종 유튜브를 보고 책을 읽으며 방법을 찾아내려 노력하지만, 그런 지식만으로 문제가 해결된다면 중독은 이미 사라졌을 것이다. 그러나 진정한 변화는 관계라는 공간에서 사랑과 애정을 경험할 때 비로소 가능하다. 문제는 여기서 시작된다. 많은 중독자에게는 친밀한 관계 자체로 나아가는 것이 두려움으로 가득 찬 도전이다. 그들은 거절에 대한 두려움과 그로 인한 고통 때문에 관계를 회피하게 된다. 이는 결국 자신을 가치 없는 존재가 드러나서 버림당하거나 거절 받을까 하는 두려움 느끼기 때문이다.

"만약 사람들이 내 진짜 모습을 알게 된다면? 내가 겪어온 결핍과 상처를 알게 된다면? 나를 어떻게 생각할까?" 이러한 불안감은 그들을 관계로부터 더 멀어지게 만든다. 스스로 사랑받을 자격이 없다고 믿기에, 관계 속으로 들어가기를 두려워한다. 그러나 역설적이게도, 중독의 근원적인 상처를 치료할 수 있는 열쇠는 바로 관계 안에서 경험하는 사랑에 있다.

우리는 사랑과 애정을 찾기 위해 끝없이 방황하지만, 정작 그 사랑이 존재하는 관계 중심부로 들어가는 것은 두려워한다. 이는 타인으로부터 상처받을 가능성이 두렵기 때문이며, 그러한 두려움을 방어하기 위해 자기 보호의 벽을 쌓아 올리곤 한다. 그러나 이러한 방어는 결국 우리를 더 고립시키고, 외로움과 고통을 심화시킬 뿐이다.

 진정한 친밀함은 이러한 방어막을 내려놓음으로써 시작된다. 상처받을 가능성을 감수하고, 두려움 속에서도 관계를 받아들이기 위해 용감히 다가서는 것이 바로 친밀함의 첫걸음이다. 진정한 친밀함이란, "상처받을 가능성을 기꺼이 받아들이는 용기"에서 비롯된다. 우리 모두가 갈구하는 완전한 환대와 사랑은 외부에서만 채워질 수 있는 것이 아니다. 대신, 내면에 자리한 상처받은 아이와 화해하고 스스로에게 따뜻하고 진심 어린 환대의 자세를 취하는 과정에서 시작된다. 궁극적인 치유는 바로 이러한 내적 수용에서 비롯된다.

 어릴 적 부모, 특히 어머니에게 충분한 이해와 사랑을 받지 못했다고 느낀 경험은 우리의 내면에 "나는 충분하지 않아"라는 믿음을 형성한다. 이는 끊임없이 무언가를 통해 보상받아야 한다는 강박적인 사고로 이어진다. 성중독자들에게 있어 이러한 보상은 성적 쾌락의 형태로 나타난다. 스트레스나 고통에 직면할 때마다 자신에게 보상을 주고자 하며, 이를 성적 행위나 자극을 통해 충족시키려 한다. "내가 이렇게 힘든데, 나 스스로에게 보상을 줘야 해." 이러한 행동은 단순히 스스로를 위로하려는 시도로 보일 수 있으나, 실질적인 치유로 이끌지는 않는다. 특히 음란물이나 성적 행위를 통해 긴장과 불안을 해소하려는 행위는 일시적으로 안정을 제공하는 마취제와 비슷한 역할이다.

 많은 남성 성중독자들은 긴장이나 불안감을 해소하기 위해 음란물에 의존하거나 사정을 통해 즉각적인 긴장 완화를 꾀한다. 몸이 긴장 상태에 있거나 잠이 오지 않을 때, 성적 자극은 일시적이고 손쉬운 해결책처럼 보일 수 있다. 하지만 이는 근본적인 문제를 해결하는 방법이 아니며, 불안을 그저 잠깐 가리는 것에 불과하다.

자기 비난과 중독의 악순환

 젖가슴은 어머니와 연결된 상징으로, 초기 경험과 깊이 연관되어 있다. 이를 소유하려는 마음은 어린 시절부터 자리 잡은 분리 불안과 결핍을 메우기 위한 무의식적 몸부림일 수 있다.
성적인 자극을 통해 위안을 얻으려는 시도 또한 결핍을 채우려는 행위처럼 보이지만, 아이러니하게도 그 과정은 또 다른 결핍을 심화시켜 악순환에 빠지게 한다.

 한 중독자의 사례를 보면, 그는 고등학생 시절부터 중독적인 행동을 반복하다가 30대가 되기까지 친구 하나 없이 고립된 삶을 살았다. 사람들과 어울리지 못하는 이유는 "다들 나를 쓰레기로 볼 것 같아서"라는 두려움 때문이었다. 이 불안감은 그가 자기 자신을 어떻게 바라보는지를 보여주는 동시에 자신의 왜곡된 자아 인식을 드러낸다.

"사람들이 나를 쓰레기로 볼 거야"라는 생각은 사실상 자신이 스스로를 쓰레기라고 규정하고 있다는 증거다. 그는 과거와 현재의 행동을 기준으로 자기 자신을 평가하며 스스로를 끝없이 깎아내리기에 익숙하다. 이러한 자기

비난은 단순한 불안감을 넘어서 깊어진 내면의 상처를
보여준다.

나는 쓸모없는 존재라고 느낄 때가 많다. 친구도 없고,
스스로에게 어떤 가치도 부여하기 어렵다. 음란물 중독에서
벗어나고자 실제 여자를 만나보려 했지만, 그 과정이 너무
힘들어 결국 다시 음란물로 돌아가게 되었다. 그래서 나는
자신을 쓰레기처럼 여기는 것이다.

중독에 빠진 이들은 중독에서 탈출하려는 노력에도
불구하고 실패했을 때, 자책하며 자신을 더욱 낮게 평가하게
된다. 하지만 여기서 중요한 점은, 이러한 실패가 꼭 그들의
잘못만은 아니라는 것이다. 중독자가 살아온 환경과
해결되지 않은 내면의 상처를 제대로 이해하지 못하면,
스스로 비난하거나 쉽게 판단하는 관점에서 벗어나기
어렵다. 중독을 극복하기 위해서는 중독자의 상황과 원인을
공감하며 바라보는 것이 필요하다.

불건전하거나 사회적으로 낙인찍힐 수밖에 없는
선택들-업소를 방문하거나 음란물에 의존하는 행동-을
무조건 옹호할 수는 없지만, 그러한 선택이 그들에게 일종의
생존 도구로 작용했을 가능성도 충분히 고려해야 한다. 만약
이런 선택조차 없었다면, 그들은 더욱 극심한 고통이나
극단적인 선택에 이를 수도 있었을 것이다.

우리가 추구해야 할 것은 비난이나 판단이 아니다. 오히려 그러한 선택이 나타나게 된 근본적인 원인을 이해하고, 우리 자신과 타인이 느끼는 결핍과 불안을 직시하는 것이 필요하다. 그렇게 함으로써 악순환에서 벗어나 치유와 공감의 길로 나아갈 기회를 열 수 있다.

중독자가 겪어온 삶의 환경은 극도로 긴장되고 불안한 상태의 연속이었다. 끊임없는 부모의 갈등, 특히 부모가 금전 문제와 성격 차이로 인한 싸움은 중독자가 된 어린아이에게 심리적 압박과 초긴장을 유발했을 것이다. 부모가 다툴 때마다 아이는 자신의 힘으로는 어쩔 도리가 없는 상황에 노출되었고, 이로 인해 마음속 깊은 곳에서부터 불안감과 긴장이 점차 쌓여갔다. 더욱이 그러한 환경에서 벗어나거나 해결할 수 없었던 것에 대한 무기력감에 시달린다.

그 결과, 신체적으로는 피부 질환이나 발진 같은 증상이 나타났고, 심리적으로는 깊은 외로움과 고립감을 느낄 수밖에 없었다. 이러한 환경 속에서 친구들과 원만한 관계를 맺는 데 필요한 자신감을 키우기란 불가능에 가까웠다. 얼굴과 몸에 드러난 피부 문제는 단순히 외형적인 불편을 넘어서, 타인과의 관계를 가로막는 치명적인 장벽으로 작용했을 것이다. 그는 혼자 고통을 견뎌내기 위해 음란물과 같은 중독적 행동에 의지하게 되었던 것으로 보인다.

하지만 그가 이러한 행위에 빠진 것은 단순히 의지가 약하거나 도덕적으로 결함이 있었기 때문이 아니다. 중독이라는 행위는 그가 감당해야 했던 고통과 불안을 덜기 위한 생존 방식에 가까웠다. 음란물은 접근하기 쉬웠고 즉각적으로 긴장을 완화시켜 주는 수단으로 작용했다. 이는 마치 진통제를 통해 순간적으로 아픔을 잊으려는 행위와도 유사하다. 그는 자신의 극단적인 긴장 상태를 조금이라도 진정시키기 위해 이 도구에 기대어 살아갈 수밖에 없었던 것이다.

"친구가 없으면 쓰레기인가?" 절대 그렇지 않다. 친구가 없다고 해서 사람의 가치는 절하될 수 없다. 하지만 그는 친구도 없고 중독적 행동에 사로잡힌 자신을 "쓰레기"라고 여긴다. 이는 그 자신이 환경 속에서 겪어온 고난이 낳은 자기 비난과 깊은 수치심에서 비롯된 생각일 것이다.

우리가 주목해야 할 것은 그가 경험했던 극심한 스트레스와 고립이 이 모든 상황을 형성했다는 점이다. 이는 그의 잘못이 아니다. 환경이 그를 그렇게 만들었을 뿐이다. "나는 쓰레기"라는 부정적인 자기 인식을 멈추고, 이제는 "나는 고통을 겪었으며 회복이 필요한 사람이다"라는 새로운 인식을 심어야만 한다.

처음부터 완벽한 친밀감을 이루려고 하기보다는, 작은

관계부터 조금씩 시작하는 것이 중요하다. 자신을 천천히 타인에게 드러내고, 관계 속에서 작은 긍정적 경험을 쌓아나가는 것이 나아갈 방향일 것이다. 스스로를 있는 그대로 받아들이고, 회복의 과정을 통해 온전히 자신답게 살 권리가 있다는 사실을 잊지 말아야 한다.
쓰레기가 아니라 아팠기 때문에 중독에 빠진 것이다.

 "나는 중독자로 살았으니 쓰레기야"라는 자기 비난은 깊은 상처와 왜곡된 자기 인식에서 비롯된다. 하지만 중독은 단순히 의지나 도덕성의 문제가 아니다. 그것은 정신적, 심리적 병리 현상이자 뿌리 깊은 고통의 표현이다. 중독을 단순한 나약함으로 치부해서는 안 된다.

 한 번은 중독자에게 물었다.
"중독이 병이라고 생각하나요?"
그는 처음엔 "아니다"라고 답하며 팔다리가 멀쩡하니 병일 리 없다고 말했다. 그러나 우울증과 같은 심리적 질환을 예로 들며 이야기를 이어가자, 그는 중독 역시 병으로 볼 수 있다는 결론에 이르렀다. 병의 본질은 신체적 문제가 아니라 마음과 감정의 치유되지 않은 상처였다.

 중독은 본인이 원치 않더라도 반복적으로 빠지는 행동이다. 그리고 이는 단순히 습관이나 무능력 때문이 아니라 마음속 깊은 상처와 아픔이 만들어낸 심리적 반응이다. 중독으로 고통받는 사람들에게 "나는 쓰레기다"라는 자기 비난은 그 상처를 더 깊게 만들 뿐이다. 그래서 나는 다시 그에게 물었다.
"병에 걸린 사람에게 쓰레기라고 말하는 것이 타당할까요?"
그는 잠시 생각한 뒤 "그건 아닌 것 같다"라고 했다.

 우리는 쓰레기라서 중독에 걸린 것이 아니다. 우리는 마음이 아파서, 치유하지 못한 과거의 상처로 인해 중독이라는 형태로 그 고통을 표현하고 있었던 것이다. 그러나 우리는 스스로의 고통을 제대로 보지 못하고 심지어 외면하거나 부정하며 산다. 그리고 그 과정에서 "내가 이렇게 태어난 탓이야. 내가 약하기 때문이야. 내가 문제야"라는 자기 비난 속에 우리 자신을 가둬버린다.

 생각해 보자. 어린 시절 지속적인 부모님의 다툼과 긴장 속에서 자란 아이가 불안을 느끼지 않을 수 있을까? 그런 환경에서 분리 불안, 우울감, 극도의 긴장을 겪지 않을 수 있을까? 이러한 감정적 경험들은 고스란히 내면에 쌓이고 어른이 되어서도 우리의 삶과 행동을 지배한다. 중독은 그 억눌린 고통과 긴장을 해소하려는 몸부림으로 나타나는 것이다.

 "나는 중독에 걸렸으니 쓰레기야"라는 생각은 실제로는 고통에 눈을 돌리지 못한 채 자신의 상처를 왜곡해 받아들인 결과다. 이 결론은 우리를 더 고립시키고 절망하게 할 뿐이다.

 하지만 중독을 마음의 상처가 표현된 결과로 바라본다면, 그것이 바로 회복의 시작점이 된다. 이는 단순히 나약함이나 도덕적 결핍으로 설명할 수 없는 상태이며, 이해와 치유가 필요하다는 사실을 받아들이는 데서 출발한다. 이러한 관점은 우리 스스로를 더는 비난하지 않도록 도와주며, 보살핌과 공감의 시선으로 자신을 바라보게 한다.

 따라서 어린 시절의 환경과 경험이 내게 어떤 영향을 주었는지를 성찰하고, 내 행동 뒤에 숨겨진 근본적인 원인을 탐구해야 한다. 중독은 단순한 실패나 잘못이 아니다. 그것은 내가 아프다는 신호이고, 이 신호를 무시하지 않고 스스로를 돌보고 치유하는 것이 진정한 회복으로 나아가는 길이다.

음란물 중독의 기준

음란물 중독을 판단하는 데 있어 단순히 이용 빈도를 기준으로 삼기는 어렵다. 핵심은 해당 행동이 개인의 삶에 미치는 영향과 그 행동이 수반하는 심리적, 감정적 상태에 있다.

예를 들어, 한 달에 한 번 음란물을 보고 자위를 하는 사람이 있다고 해도 그로 인해 지나친 죄책감을 느끼거나 일상생활에 어려움을 겪는다면, 이는 중독으로 간주될 수 있다. 반면, 하루 한 번씩 자위한다고 하더라도 이로 인해 삶에 부정적 영향을 끼치지 않고 죄책감이나 강박적 성향이 없다면 중독으로 보지 않을 수 있다.

중독은 행동의 빈도보다는 그 행동이 심리적 부담과 생활 전반에 미치는 부정적 결과를 기준으로 판단된다. 특히 행동을 스스로 통제할 수 없다고 느끼고 원치 않음에도 반복적으로 행하는 경우, 중독의 가능성은 커진다. 종종 이는 성적 자극을 통해 내면의 고통이나 불안을 회피하거나 마취하려는 강박적 행위로 나타난다.

성중독이라는 문제를 겪는 많은 이들은 초자아 기능이 지나치게 엄격한 경향을 보인다. 한 달에 한 번 음란물을 보고도 스스로를 심각하게 비난하거나 극도의 죄책감에 시달리며 "나는 쓰레기야"라고 느낄 수도 있다. 반대로, 일주일에 한 번씩 음란물을 본다 해도 자신을 수용하고 일상에 큰 문제가 없는 사람도 존재한다. 이러한 차이는 개인의 심리 구조와 내면의 고통 수준에서 비롯된다.

특히 청소년기의 경우 성적 욕구의 발현은 자연스럽고, 하루 두 번 자위할 수도 있다. 그러나 이 행위가 강박적으로 반복된다면 이는 내면의 고통과 밀접한 관련이 있을 가능성이 크다.

스스로 성중독 여부를 판단하기 위해 다음과 같은 질문을 던져볼 필요가 있다:
- 이 행위가 나의 일상생활에 부정적인 영향을 미치고 있는가?
- 업무, 학업, 대인관계 등에 지장을 초래하고 있는가?
- 이러한 행동으로 인해 강한 죄책감이나 수치심을 느끼고 있는가?
- 죄책감이 내 자존감과 정신 건강을 악화시키고 있는가?
- 행동을 멈추고 싶어도 통제하지 못하고 반복하고 있는가?
- 내면의 고통, 불안, 혹은 긴장을 해소하기 위해 이러한 행동을 하고 있지는 않은가?

성인의 경우 자연스러운 성적 욕구를 느끼고 이를 충족시키는 것은 문제가 되지 않는다. 하지만 이러한 행동이 강박적으로 나타나거나 내면의 불안을 극복하려는 도구로 쓰인다면 중독으로 발전할 가능성이 크다. 자신이 이러한 상태에 이르렀다고 의심된다면 적절한 도움을 받는 것이 중요하다.

초자아와 비난의 굴레에 대하여

　초자아는 우리 내면에서 규율과 도덕적 기준을 관장하는 부분이다. 그러나 성중독자들의 경우, 초자아가 지나치게 엄격하게 작동하여 자신을 가혹하게 평가하고 끊임없이 비난하는 내적 목소리를 형성한다.

　한 내담자는 스스로를 비난하는 것을 멈추고, 자신에게 이렇게 말하기 시작했다.
"그래, 나는 건강한 사람이지. 내 성욕은 자연스러운 거야."
이러한 인식의 변화로 그는 이전처럼 강박적으로 자위하거나 음란물을 시청하지 않았고, 성욕이 생겨도 자연스럽게 해소하며 오히려 자유로운 상태를 경험할 수 있었다.

　그렇다면 왜 초자아는 이렇게 가혹하게 작동하는 걸까? 그 이유는 사랑의 결핍에서 비롯된다. 어린 시절 충분한 사랑과 수용을 받지 못하면, 초자아는 그 공백을 채우기 위해 과도하게 작동하게 된다. 이는 사랑받지 못한 스스로를 보호하려는 기제이며, 더 완벽하고 도덕적인 자신이 되기를 요구하면서 내적 비난을 강화한다. 그렇게 해서 인정받거나 관심 그리고 사랑을 받을 수 있다는 희망을 품고 있다.

하지만 이러한 초자아의 가혹함은 결국 개인을 더 고립시킬 뿐 아니라 불안을 가중시키고 중독적 행동을 심화시키는 악순환을 만들어낸다.

성중독의 증상은 흔히 나무의 가지로 비유할 수 있다. 가지를 아무리 제거해도, 뿌리가 해결되지 않으면 새로운 가지가 계속 자라난다. 성중독의 뿌리는 대개 사랑받지 못한 상처와 내면의 고통에 자리하고 있다. 한 내담자는 "나는 성중독 문제를 해결하려고 왔지만, 더 중요한 내면의 상처를 치유받고 있는 것 같아요"라고 털어놓았다. 이처럼 중독은 표면적인 현상일 뿐이며, 그 아래 깊이 자리한 고통과 사랑의 결핍이 해결되지 않으면 문제는 다른 형태로 반복될 가능성이 크다.

회복의 중요한 신호 중 하나는 음란물에 대한 흥미가 점차 줄어들고, 자신을 비난하던 내면의 목소리가 약화되는 것이다. 한 내담자는 변화 과정을 이렇게 표현했다. "예전에는 몇 시간이나 음란물을 보곤 했는데, 이제는 5분도 흥미를 느낄 수 없어요."
이러한 변화를 통해 우리는 내면에서 강박적 욕구와 고통이 점차 줄어들고 있음을 알 수 있다. 이는 스스로를 비난하는 대신, 자신을 있는 그대로 받아들이고 사랑하기 시작했을 때 가능한 변화입니다.

음란물 중독에서 벗어나는 길은 단순히 행동을 멈추는 데 있지 않다. 핵심은 그 행위를 둘러싼 죄책감과 자기 정죄의 고리를 끊어내고, 자신을 수용하기 시작하는 데 달려 있다. 중독은 사랑받지 못한 흉터와 고통의 표현일 뿐이며, 이러한 상처를 돌보고 치유할 때 우리는 비로소 진정한 자유를 얻을 수 있다.

성중독 문제로 고통받는 성직자들이 가끔 연구소를 찾는 일이 있다. 이들은 음란물 시청이나 자위행위와 같은 스스로 금해야 할 행동으로 인해 심한 죄책감과 수치심을 느끼며 이를 극복하지 못한 채 도움을 요청한다. 상담은 누군가의 추천으로 시작되거나 스스로 용기를 내어 진행되기도 하지만, 상담 과정에서 죄책감을 줄이는 대화를 시도할 경우 오히려 강한 저항을 보이는 경우가 많다. 이는 중독적 행동을 멈추는 것이 중요한데, 문제를 있는 그대로 받아들이는 것이 더 큰 중독으로 이어질까 두려워하거나 자신들이 믿는 교리에 위배된다고 생각하기 때문이다.

그들 중 일부는 상담자의 접근 방식을 의심하며 이렇게 생각할 수 있다. "음란한 마귀와 싸워야 한다는데 인정하라니? 이 소장님, 혹시 사이비인가? 인본주의적인 관점을 가지고 있구나. 나는 신을 믿고 성경적 신앙을 통해 이 문제를 해결해야 해." 이러한 강한 신념은 초기 상담 과정에서 반발심을 일으키기도 한다. 그러나 이와 같은 걱정은 인간 본질에 대한 오해에서 비롯된다. 성직자는 자신의 문제를 끝내기 위해 도움을 청하지만, 죄책감을 완화하고 자신의 상태를 받아들이도록 유도하는 상담 방식이 오히려 변화를 저해하는 장애물로 느껴질 때가 있다.

자신을 있는 그대로 받아들이는 태도가 강박적인 행동을 줄이는 데 있어 핵심적인 역할을 한다. 자기 비난과 강박에 빠지면 행동이 반복되기 쉽지만, 수용하고 사랑하는 마음을 가질 때 강박은 점차 약화되며 내면의 자유를 경험할 수 있다. 이는 성경의 진정한 가르침에 가까운 길임에도 불구하고, 율법적이고 형식화된 종교적 접근은 성경의 본질적인 메시지에 도달하는 것을 방해할 수 있다.

사랑의 부족은 마음속에 깊은 결핍과 조급함을 남긴다. 충분한 사랑을 경험한 이들은 내면에 넉넉함을 키우며 기다림과 인내심을 배운다. 반면 사랑의 결핍을 겪은 사람들은 충족되지 않은 내면의 허기를 느끼며 이를 즉각적으로 채우려는 방법을 찾는다. 그리고 이러한 방식이 음란물, 자위행위, 혹은 다른 중독적인 행동으로 나타나는 것은 자연스러운 결과라 볼 수 있다.

"나는 완벽해야만 가치 있는 사람이다"라는 초자아의 가혹한 목소리를 내려놓고, "나는 부족하지만 괜찮아. 나의 부족함도 나의 일부야"라고 마음을 열기 시작할 때, 그 빈

곳은 점차 메워지기 시작한다. 가혹한 초자아는 "넌 죄인이야, 형편없어, 나약해"와 같은 부정적인 메시지로 우리를 비난하며, 이로 인해 우리는 더 깊은 고통의 늪으로 빠지게 된다. 사람들은 이 고통을 해소하기 위해 순간적인 진통제 역할을 하는 중독적 행동에 의존하게 된다. 하지만 이런 임시방편은 근본적인 결핍을 해결하지 못하며, 다시 자기 비난으로 이어져 악순환이 계속된다.

중독 문제를 해결하려면 단순히 행동 자체를 억누르려 애쓰기보다, 그 행동의 근본적인 원인과 발생 배경을 이해하려는 노력이 필요하다. 회복이란 결국 우리 안의 엄격하고 비난 가득한 초자아를 약화시키는 과정이라고 볼 수 있다.

어린 시절 사랑받지 못한 상처가 현재에도 영향을 미치고 있다면, 이제 어른이 된 우리는 이러한 초자아를 마주하고 다루는 법을 배워야 한다. 초자아(부모 귀신)가 우리를 몰아붙일 때 그것이 합리적인 비판인지 아니면 비합리적인 자기 비난인지 스스로 성찰해야 한다. 하지만 이것은 혼자만의 힘으로 이루기 어렵다. 자신의 내면 상처를 객관적으로 바라보는 것은 대단히 도전적인 작업이며, 이를 위해 전문적인 도움이나 타인의 지원이 필요하다.

많은 중독자는 자신의 삶을 기준으로 스스로를 가혹하게

평가하곤 한다. 예를 들어, "여자친구 한 번도 못 사귀었으니 나는 멍청이야"라는 생각처럼 말이다. 하지만 이러한 비난은 대개 합리적이지 않은 판단임에도 불구하고, 과거의 상처와 얽혀 있어 자연스럽게 여겨지는 경우가 많다. 이러한 틀에서 벗어나기 위해서는 내면의 비난을 논리적으로 검토하고, 자신을 있는 그대로 받아들이는 연습이 필요하다.

나 자신을 용서한다는 것

용서는 무엇일까요? 그것은 자기 내면에 자리한 가혹한 초자아와 맞서는 용기 있는 선택이다. "나 자신을 용서한다."라는 것은 과거의 실수나 결핍으로 인해 스스로를 비난하며 자책하던 마음을 내려놓는 과정이다. 그러나 이것은 단순히 모든 것을 쉽게 덮어두는 것이 아니다. 용서는 자신의 고통과 잘못을 진심으로 이해하고, 그 상황에서 최선을 다했던 자신을 인정하는 행위이다.

자신을 용서하기 위한 몇 가지 연습법을 시도해 볼 수 있습니다:
1. 과거의 행동과 현재의 나를 구분하기
"그 당시 나는 내가 가진 조건에서 할 수 있는 최선을 다했어. 내가 그런 선택을 할 수밖에 없었던 이유가 있었던 거야."

2. 자신에게 따뜻한 말을 건네기
"완벽하지 않아도 괜찮아. 내가 저지른 실수 또한 나의 삶과 성장 과정의 일부야."

3. 자기 수용의 문을 여는 연습
"나는 나를 있는 그대로 받아들이기 시작할 거야. 나의 아픔과 결핍도 사랑해야 할 나 자신의 일부이니까."

자기 자신을 온전히 받아들이는 과정은 과거의 상처를 치유하고 회복을 향한 길을 여는 첫걸음이다. 한때 사랑받지 못했다고 느꼈던 내면의 상처를 보듬기 위해 이제부터는 나 자신을 이해하고 따뜻한 사랑으로 감싸는 것이 중요하다. 물론 타인에게서 사랑받고자 하는 마음이 자연스러운 욕구일 수 있지만, 진정한 치유는 스스로에게 보내는 사랑에서 출발한다.

스스로에게 이렇게 말해보세요:
"나는 과거의 실수와 상처에도 불구하고 소중하며, 여전히 사랑받을 자격이 있는 존재야."
이러한 깨달음이 바로 치유와 회복을 향한 시작점임을 기억하자.

자기 사랑과 수용의 본질

사랑이란 우리의 불완전함까지 품어주는 것이다. 그것은 완벽함을 요구하지 않으며, 오히려 부족함과 연약함을 그대로 받아들이는 데에서 진정한 의미를 찾는다. "완벽하면 사랑받을 수 있다"라는 사고방식은 사랑의 본질을 오해한 것이다. 우리는 자신을 사랑하기 위해 완벽함이라는 잣대를 들이대기보다, 자신의 취약함과 결핍마저도 존중하고 끌어안아야 한다. 이것이 바로 진정한 사랑이며 자기 수용의 핵심이다.

사랑과 수용은 내면의 풍족함과 여유로움을 만드는 출발점이 되며, 이를 풍족함과 결핍의 비유로 설명할 수 있다.
예를 들어 풍족하게 식사를 한 사람과 배가 고픈 사람 둘이 무인도에서 음식을 발견했을 때, 누구의 반응이 더 절제되어 있을까? 직관적으로는 배가 고픈 사람이 더 잘 참고 기다릴 것 같지만, 실제로 풍족함을 경험해본 사람이 음식에 대한 집착이 덜한 경우가 많다. 기본적인 만족감을 느낄 줄 아는 사람은 결핍의 상태에서 벗어나려는 강박적인 행동에 휘둘리지 않게 된다.

이 원리는 다른 영역에서도 작용할 수 있다. 사랑과 수용의 부족은 때로 사람을 성적 자극에 지나치게 집착하도록 만들 수 있다. 그러나 내면적으로 진정한 충만함을 경험하며 사랑과 인정이 깊이 자리 잡은 사람은 이러한 강박적 욕망에서 벗어나 더 자유로운 삶을 살아갈 수 있다.

사랑과 수용은 개인의 내면적 결핍을 치유하고, 삶의 조화를 되찾도록 돕는 강력한 힘이다. 진정한 풍요로움은 외부에서 얻으려는 것이 아니라, 내면에서 자연스럽게 우러나오는 사랑과 자아 수용에서 비롯된다는 점이 중요하다.

성중독에서 벗어나기 위한 첫걸음은 자기 자신을 온전히 받아들이는 것에서 시작된다. "나는 완벽하지 않지만, 그것으로 괜찮아. 나는 여전히 사랑받을 가치가 있어."라는 수용과 사랑의 자세는 내면의 결핍을 채우고, 외부 자극에 대한 집착을 서서히 줄여준다. "나는 완벽할 필요가 없어. 나의 나약함과 부족함조차도 나의 일부야." 이러한 믿음이야말로 회복의 시작이자 핵심이다.

진정한 용서란 자신의 내면을 깊이 이해하고 탐구하는 과정을 요구한다. 이 과정에서 스스로에게 다음과 같은 질문을 던져야 한다.
- 왜 나는 스스로를 정죄하는가?

- 나를 끊임없이 죄인으로 몰아붙이는 이유는 무엇인가?
- 어떤 환경에서 이런 가혹한 초자아를 형성하게 되었는가?
- 내가 느끼는 죄책감의 본질은 무엇인가?
- 이 죄책감은 내 행동의 결과에서 비롯된 것인가, 아니면 내 내면의 상처와 결핍에서 기인한 것인가?
- 내가 스스로에게 바라는 것은 무엇인가? 더 큰 사랑과 수용인가, 아니면 진정한 용서인가?

 또한, 자신의 중독적 행동에 대해 근본적인 원인을 이해하려는 노력이 필요하다. "왜 이런 행동을 반복하고 있을까? 무엇이 나를 고통스럽게 하는가?"라는 질문을 곱씹어 보고, 그 답을 찾아가는 과정이 중요하다.

 회복은 단순히 짧은 시간 안에 이루어지는 것이 아니다. 그것은 오랜 시간이 필요한 과정이며, 자신을 정직하게 탐구하며 서서히 진행되는 여정이라 할 수 있다.

 표면적인 용서로는 근본적인 문제를 해결하기 어렵다. 예를 들어, "나는 괜찮아, 다 괜찮아, 용서할게."라는 말로 스스로를 위로하려 한다면 내면의 문제는 여전히 남아 있게 되고, 결국 같은 상황이 반복될 가능성이 크다.

 반면에 진정한 용서는 다음과 같은 깨달음에서 시작된다. "내가 왜 이러한 행동을 반복했는지를 이해한다. 내 부족한 부분도 나의 일부이며, 그럼에도 불구하고 나는 나 자신을 사랑할 수 있다." 이는 자기 자신을 깊이 이해하고 받아들임으로써 비난을 내려놓는 과정이다. 진심 어린 용서는 자신을 책망하는 것이 아니라, 온전히 인정하고 포용하는 데서 비롯된다.

그럼에도 불구하고 "용서했는데도 중독에서 벗어나지 못했다."라고 이야기하는 경우도 있다. 이는 용서를 도구로 삼았을 때 흔히 직면하게 되는 문제다. "용서하면 중독이 나아지겠지."라는 목표를 정해 놓고 겉으로만 용서를 시도한다면, 진정한 치유와 회복에 이르기가 어렵다.

용서는 중독을 극복하기 위한 수단이 아닌, 자기 이해와 사랑이 깊어질 때 자연스럽게 나타나는 결과다. 만약 겉치레로 자신을 용서한다고 여길 경우, 오히려 더 큰 자책감과 좌절로 되돌아올 가능성이 있다.

따라서 자신을 비난하고 단죄하게 되는 근본적인 이유를 깊이 탐구하는 과정이 반드시 필요하다. 이런 내면적 탐구의 과정을 통해 진정한 용서와 회복의 문이 열리게 된다.

타인의 행동을 왜곡하는 마음에 대하여

 타인에게 지나치게 의존하며 그들의 인정과 사랑을 절대적으로 여기는 마음은 관계를 비뚤어지게 하고, 과도한 기대와 의존으로 이어질 수 있다. 스스로 다음과 같은 질문을 던져보자:

- 왜 사람들이 반드시 나를 환영해야 할까?
- 왜 사람들이 내 마음을 반드시 알아줘야 할까?
- 왜 사람들이 나에게 손뼉을 쳐줘야 할까?

 이 질문에 대해 깊이 고민해 보면, 사실 타인이 우리를 그렇게 대할 의무가 없다는 점을 깨닫게 된다. 세상은 나를 중심으로 돌아가지 않으며, 사람들은 각자의 삶에 몰두하며 살아간다. 그러나 타인으로부터 충분한 사랑과 환영을 받지 못하면 이를 자신의 존재에 대한 부정으로 간주하는 경우가 많다.

예를 들어, "저 사람이 나를 환영하지 않아. 그러니 나는 뭔가 잘못된 사람인가 봐."라는 생각은 자기 비난과 결핍감을 심화시키는 경향이 있다.

흔히 타인이 우리를 환영하지 않을 때 우리는 이를 이렇게
해석하곤 한다:
- 저 사람이 나를 싫어하는 거야.
- 저 사람이 일부러 나를 무시한 거야.
- 저 사람이 나를 공격하려고 그래.

 하지만 실상은 그렇지 않을 가능성이 더 크다. 상대는
아무런 생각이 없거나, 단지 자신의 삶에 바쁘게 집중하고
있는 것일지도 모른다. 그러나 우리의 왜곡된 해석은
타인에게 불필요한 적대감을 가지게 만들고, 스스로
분노하며 세상을 적으로 돌리는 상황을 초래할 수 있다.

 이러한 마음의 뿌리는 유아적 의존에서 비롯된다. 어릴
때는 부모가 우리를 위해 모든 것을 해주길 기대하며
자란다. 하지만 성인이 된 후에도 여전히 타인이 자신의
행복이나 요구를 충족시켜야 한다고 믿는다면, 이는 곧
현실과 충돌하게 된다. 예를 들어, 왜 저 사람은 나에게
내가 바라는 데로 해주지 않는 걸까?" 혹은 왜 저 사람은
나를 이해하려 하지 않을까?"와 같은 생각이 이를 잘
보여준다. 또한, 다른 사람과 의견 차이를 받아들이지
못하는 모습 역시 같은 맥락에서 나타난다. 정치적인 견해가
다르다는 이유로 상대방을 적대시하거나, 자신의 의견을
관철시키기 위해 지나치게 자신의 의견을 강요하는 태도를
보이는 경우가 그 사례이다. 이는 결국 다른 의견을

받아들이기 어려워하는 태도에서 비롯된다.

 타인에게 지나친 기대를 하거나 그들이 나를 채우지 못했다고 비난하기 전에, 스스로에게 묻는 것이 중요하다:
- 나는 과연 나 스스로를 얼마나 환영하고 있는가?

 타인이 나의 부족함을 채워주길 바라기 전에, 스스로를 채우고 인정하는 연습이 필요하다. 또한, "내가 타인을 위해 하는 행동의 진짜 이유는 무엇인가?"를 고민해 보는 것도 중요하다.
- 그 행동이 진실한 배려에서 비롯된 것인가?
- 아니면 내 안정감을 유지하려는 숨겨진 기대 때문인가?

 타인이 나를 반드시 환영하고 인정해야 할 이유는 없다. 그 대신, 내가 나를 환영하고 인정하는 연습을 더욱 심화시키는 것이 필요하다. 이를 통해 외부로부터의 결핍에 흔들리지 않고 내면의 안정감을 키워갈 수 있을 것이다.

회개에 대한 오해

회개는 단순히 자신의 잘못을 자책하거나 정죄하는 태도가 아니다. 그것은 자신의 삶을 점검하고 잘못된 길에서 벗어나 보다 나은 방향으로 나아가는 '변화'와 '성장'을 의미한다. 그러나 안타깝게도 회개의 개념은 종종 오해되거나 잘못 전달되어, 사람들에게 비난과 정죄의 도구로 여겨질 때가 많다.

예를 들어, 회개를 요구하는 메시지가 "네가 잘못했으니 회개하라"라는 식으로 비난하거나 정죄하는 방식으로 나타날 경우, 이는 오히려 사람들에게 상처를 주고 그들과의 관계를 끊어지게 만든다. 이는 십자가가 본래 전하는 메시지와 크게 어긋난다. 십자가는 정죄의 상징이 아니라, 용서와 화해, 그리고 새로움을 시작할 수 있는 희망의 상징이기 때문이다.

회개의 목적은 죄책감을 불러일으키는 데 있지 않다. 오히려 사랑 가운데서 치유와 회복을 경험하도록 돕는 것이 회개의 진정한 목표이다. 따라서 "잘못했으니 돌아와라"라는 강요보다는 "더 나은 삶이 준비되어 있다"라는 초대의 의미로 전해져야 한다.

성경에서도 말한다. "사랑 안에는 두려움이 없다(요일 4:18)." 진정한 사랑은 판단과 정죄가 아닌 자유와 기쁨을 선물한다. 그렇기에 회개는 사람들을 두려움으로 몰아넣는 것이 아니라, 새로운 시작과 희망을 제시하는 메시지가 되어야 한다. 죄책감은 우리의 마음을 무겁게 하고 전진을 방해한다. 하지만 진정한 회개는 자신을 비난하기보다는 자신의 행동을 깊이 성찰하고, 발전과 변화를 위한 기회를 찾는 과정이다. "왜 내가 이런 선택을 했을까?"를 스스로 되묻고, 잘못된 습관이나 태도를 고치고자 하는 노력 자체가 진정한 회개의 핵심이다.

회개는 과거의 잘못에 머무르며 후회를 반복하는 것이 아니다. 그것은 새로운 삶으로 초대받아 나아가는 사랑의 과정이다. 정죄와 비판 대신 은혜와 사랑의 관점으로 자신을 바라보는 법을 배우는 것이다. 이런 태도를 가질 때, 회개는 더 이상 두려움의 근원이 아니라 진정한 자유와 평화를 향한 여정이 된다.

회개의 그 첫걸음은 "내가 지금 잘못된 길에 서 있구나"라는 사실을 진심으로 인정하는 데서 시작된다. 이는 단순히 실수를 고백하는 것을 넘어, 내가 진정으로 추구하는 삶의 방향과 현재 가고 있는 길이 다르다는 것을 깨닫는 과정이다. 문제는 많은 경우 이 메시지가 "넌 잘못된 길을 걷고 있으니 죄인이다"라는 방식으로 전달된다는 점이다.

이런 방식은 사람들로 하여금 자신이 본질적으로 결함 있는
존재라 느끼게 만들어 변화에 대한 동기를 잃게 한다.

 반대로, "지금 가고 있는 길이 네가 원하고 꿈꾸는 삶과
다를 수 있어. 이 길에서 돌아설 때 새로운 세계가 열릴
거야"라는 전하는 방식은 사람들에게 훨씬 깊은 공감과
변화의 의지를 심어줄 수 있다.

 우리가 잘못된 길을 선택한 것과 잘못된 사람이라고 느끼는
것은 전혀 다른 문제이다. 잘못된 길을 걷고 있다는 것은
현재의 삶의 방향이나 선택이 자신에게 맞지 않음을 뜻하는
것이며, 이는 교정과 변화로 해결할 수 있다. 반면, 잘못된
사람이라는 인식은 인간 본질 자체를 부정하고 자신을
부끄럽게 여기는 감정을 심어준다. 진정한 회개란 자신을
부정하거나 죄인이라는 낙인을 찍는 과정이 아니라, "내가
가는 길이 목적과 다르구나"라는 인식을 통해 나은 방향으로
나아가기 위한 선택을 돕는 과정이다.

 회개의 과정은 자아(Ego)와 자기(Self)의 관계를 이해하면서
시작된다. 자아란 우리의 의식적 사고와 판단을 이끄는
역할을 하지만, 종종 좁은 관점에서 전체를 보지 못한다.
이에 비해 자기는 우리가 가진 더 큰 본질과 전체성을
대변한다. 자아는 때로 자신의 한정된 경험과 판단만
고집하여 더 큰 진리를 받아들이기 어렵다. 마치 코끼리의

다리만 만져보고 그것이 전부라 생각하는 것처럼, 편협한 시각에 갇히기 쉽다. 그러나 자아의 고집을 내려놓고 더 넓은 관점을 받아들일 때, 우리는 새로운 깨달음과 진실에 도달할 수 있다. 이를 통해 자아는 자기 앞에서 겸손해지고 더 나은 성장의 발판을 마련한다.

'신 앞에서 인간이 죽어야 한다'라는 말은 결국 자아의 아집과 편견을 포기하고 더 큰 진리와 사랑을 수용해야 한다는 상징적 표현이다. 이 과정은 자신의 미숙함과 제한된 관점을 인정하면서 시작되며, 중요한 점은 이를 스스로를 비난하거나 정죄로 받아들이지 않는 것이다. 오히려 있는 그대로의 자신을 수용하고 그 상태에서 새로운 가능성을 모색하는 것이다.

죄를 인정하는 과정 역시 역설적일 수 있다. 만약 죄를 인정하는 과정이 스스로를 비난하고 죄책감을 더욱 키우는 방향으로 작용한다면, 그 안에는 사랑이 자리 잡을 수 없다. 죄책감은 사람을 과거에 얽매이게 만들고 변화를 가로막는다. 반대로, 죄와 자신의 불완전함을 진정으로 받아들이는 과정은 자유를 가져다준다. 스스로의 한계를 인정하고 나면 죄책감에서 벗어나 변화와 성장을 선택할 용기를 얻을 수 있다.

예를 들어, 어느 누군가가 자신의 죄를 고백하면서도

정죄감에 묶이지 않고, 오히려 내면적 해방감을 느끼는 경우가 있다. 이는 죄로 인해 자신을 규정 짓는 굴레로 받아들이지 않았기 때문에 가능한 일이다. 반면 죄책감 속에서 자신의 죄를 부정하거나 인정하지 못하는 이는 내면의 갈등과 고통에 시달리는 경우가 많다. 이 같은 차이는 결국 죄를 대하는 태도와 방식에서 비롯된다.

 기독교 신자들인 중에서 성중독을 경험하는 사람이 적지 않은 이유를 살펴보면, 종교적 가르침이 영향을 미쳤을 가능성도 있다. 예컨대, "분노하지 말라"거나 "적개심을 품지 말라"와 같은 가르침은 분노를 억압하도록 유도하지만, 이를 건설적으로 해소할 방안은 충분히 제시하지 못할 때가 있다. 특히 중독을 겪는 사람들은 억눌린 내면의 분노와 미움에 사로잡혀 있는 경우가 많다. 이러한 감정이 해소되지 않으면 중독에서 벗어나기 어려운 것이 사실이다. 성중독자들 중 많은 이들이 자신의 공격성과 분노를 건강하게 표현하지 못하기 때문에, 이러한 감정이 해결될 때 비로소 회복의 길로 나아갈 수 있다.

 기독교의 가르침은 회복과 치유의 과정에서 분명히 긍정적인 영향을 미칠 수 있다. 개인이 자신의 죄를 인정하고 삶을 반성하며 변화하는 데 기독교적 접근법은 유용한 지침이 될 수 있지만, 전체적이고 포괄적인 치유를 이루기에는 한계가 있을 때가 많다.

중독자와 내면의 미움

 중독은 단순히 특정 물질이나 행동에 지나치게 의존하는 현상으로만 설명되지 않는다. 내면 깊숙이 자리한 미움과 갈등에서 비롯된다. 중독자의 마음에는 세상, 부모, 그리고 자신에 대한 강한 미움이 뿌리내려 있다. 이 미움은 단순히 외부를 향하는 것처럼 보이지만, 결국에는 자기 자신에게로 돌아오고 만다.

 내면에 쌓인 미움이 커질수록 자신에게 가해지는 비난과 고통도 더욱 심화된다. 그러한 고통은 결국 정신적인 '진통제'를 찾게 만들며, 이 순간 중독은 내적 고통을 잠시 잊게 해주는 도피처로 작용한다. 그러나 이는 단발적인 해결책일 뿐이며, 중독의 악순환을 지속시키는 요인이 되기도 한다. 내면에 평온함이 자리 잡고 있는 사람이라면 이런 '진통제'는 필요하지 않을 것이다. 하지만 평온함마저 잃은 상태에서는 고통을 억누르기 위해 중독에 의존하게 되는 것이다.

 중독자들의 내면에는 억눌린 분노와 미움이 자리하고 있다. 이 내면의 미움은 분노라는 감정으로 표출되는데, 문제는 그

분노를 건강하게 풀어내지 못하고 억누르는 경우가 많다는 점이다. 이러한 억압 뒤에는 언제나 두려움이 자리하고 있다.

"내가 화를 내면 사람들이 나를 싫어할지도 몰라."
"솔직하게 얘기했다가 버림받으면 어떡하지?"
"너는 왜 이렇게 성격이 이상해?" 또는 "너무 예민하다."라는 평가를 받을까 봐 두려운 것이다.

결과적으로 이 분노는 억압되거나 뒤틀린 방식으로 나타난다. 대표적인 것이 수동적 공격성이다. 수동적 공격성은 분노를 직접적으로 드러내지 않고 간접적이고 은근한 방식으로 표현되는 행동이다. 예를 들어, 타인을 은근히 기분 나쁘게 하는 모든 행동이 이에 해당할 수 있다.

예시로는 다음과 같은 행동들을 들 수 있다:
- 일부러 모임에 나오지 않거나 소극적으로 참여한다.
- 상대방의 잘못을 반복적으로 지적하며 비난한다.
- 자신의 책임을 의도적으로 미루거나 이행하지 않는다.
- 감정을 숨기고 간접적인 방식으로 불만을 표시한다.

 이처럼 억눌린 감정은 개인과 관계 모두에 부정적인 영향을 미친다. 따라서 감정을 억누르지 않고, 상대방을 존중하는 방식으로 분노를 표현하는 법을 배우는 것이 중요하다.

분노가 치밀어 오를 때, 우리는 종종 상대를 판단하거나 비난하기 쉽다. 그러나 이러한 방식은 대화를 끊고 오해를 심화시키는 결과를 낳기 십상이다. 이럴 때는 'I 메시지'를 활용하여 자신의 감정과 생각을 솔직히 전달하는 것이 훨씬 효과적이다.

 예를 들어, 상대에게 "당신 때문에 화가 나!"라고 직접적으로 말하기보다는, "나는 지금 이 상황에서 화가 나고 혼란스럽다."라고 표현하는 것이다. 이런 접근 방식은 상대를 공격하지 않으면서도 자신의 감정을 진심 어린 태도로 전달할 수 있는 계기가 된다.

그뿐만 아니라, 이와 같은 방식은 문제 해결에 대한 의지를 드러내고 서로 열린 마음으로 소통하려는 자세를 보여준다. 그 결과 상대도 방어적이기보다 이해하려는 입장에서 대화를 이어갈 가능성이 커진다. 'I 메시지'**는 관계의 회복과 더 깊은 상호 이해를 돕는 중요한 연결 고리가 되어준다.

또한, 거부나 비난에 대한 두려움을 극복하는 과정도 필요하다. 이는 관계 속에서 개인이 스스로를 소중하게 여기는 태도를 기르고, 자기 자신에 대한 신뢰를 키우면서 가능해진다. 이런 변화는 궁극적으로 더 건강한 감정 표현과 관계 형성을 돕는다.

분노와 회복의 에너지

 분노는 흔히 부정적인 감정으로 여겨지지만, 실제로는 매우 중요한 에너지로 작용한다. 자신의 감정을 숨기지 않고 솔직하게 표현하는 사람들은 상대적으로 회복 속도가 더 빠른 경향이 있다. 이 과정에서 억눌렸던 에너지가 해소되면서 회복으로 이어질 가능성이 커진다. 반대로, 감정을 억누르고 표현하지 않는다면 내면에 쌓인 에너지가 점점 고여 중독에 취약해질 수 있다. 이렇게 억눌린 감정은 자신에 대한 미움과 증오를 증폭시켜, 고통의 굴레에서 벗어나기 더 어려워지게 만든다.

회복은 단순히 시간이 해결해 주는 문제가 아니라, 내면의 에너지를 어떻게 다루고 활용하느냐에 달려 있다. 억눌린 분노와 증오를 내버려 두면 그것이 자신의 내면을 파괴하고 중독을 강화하게 된다. 하지만 이 에너지를 적절히 해소하고 회복의 동력으로 전환한다면, 내면의 평화를 되찾을 가능성이 커진다. 따라서 증오는 억압하거나 소멸시켜야 할 불필요한 감정이 아니라, 회복을 위한 자원으로 전환할 수 있는 중요한 에너지다. 이를 위해 우리는 분노를 건강하고 사회적으로 수용 가능한 방식으로 표출하는 법을 익혀야 한다.

성중독의 핵심 감정 중 하나는 증오이다. 이 감정은 우리의 내면에서 기분, 느낌, 정서 등 다양한 영역에 영향을 미치며, 결국 자기 자신에게로 칼끝을 돌리게 한다. "나는 쓸모없어"라는 자기비하적 생각은 자기 증오를 더욱 강화하며, 이는 성중독을 지속시키는 주요 원인이 된다.

우리의 생각은 단순히 감정을 느끼는 데서 그치지 않고 행동의 동기를 결정짓는 중요한 역할을 한다. 이 판단은 우리가 현재 상황에 직면할지, 아니면 회피할지를 결정하며, 이러한 과정은 대부분 무의식적으로 매우 빠르게 이루어진다. 어린 시절 부모로부터 충분한 사랑과 관심을 받지 못하면 우리는 스스로를 부정적으로 규정하기 시작한다. 아이는 자신의 환경에서 벌어지는 모든 일을 자기와 연관 지어 해석하며 생각한다.
"엄마가 나를 사랑하지 않는 것 같아 → 내가 잘못된 사람인가 봐."
"나는 쓸모없는 존재야."
이러한 판단은 객관적 사실과는 무관하게 아이의 무의식적인 인지가 만들어낸 결과다. 실상 부모의 부족함은 부모 자신에게 책임이 있지, 아이의 본질적 가치와는 아무런 관련이 없다. 그러나 아이는 스스로 안정감을 유지하기 위해 부모를 "좋은 사람"으로 합리화하고, 부모의 행동을 자신의 잘못으로 돌리며 자신을 부정적으로 바라보게 되는 악순환에 빠지게 된다.

페어베언은 아이들이 안정감을 얻기 위해 부모를 이상화하고, 모든 문제의 원인을 자신에게서 찾으려는 심리적 경향을 설명한다. 아이들은 고통스러운 일이 생기면 그것이 반드시 무엇인가 잘못되었기 때문이라고 느끼며, 그 잘못의 근원을 파악하려 애쓴다. 하지만 미성숙한 아이의 정신세계로는 이러한 고통의 원인이나 잘못을 명확히 이해하기가 어렵다.

만약 아이가 고통의 원인을 어머니에게 있다고 생각하게 된다면, 그 결과 불안감이 극대화되고, 이를 감당하지 못해 정신적으로 붕괴할 위기에 처할 수 있다. 따라서 아이들은 차선책으로 자신에게서 고통의 원인을 찾기 시작한다. 즉, 그들은 일어난 일이 자신의 잘못 때문이라고 믿는다. 이 과정은 어머니에 대한 신뢰와 희망을 유지하기 위한 심리적 방어기제로 작동한다.

하지만 이러한 방어기제는 아이에게 진정한 안정감을 제공하지 못한다. 이는 단지 세상을 조금 더 안전하다고 느끼게 해주는 임시적인 심리적 장치일 뿐이다. 어린 시절 환경이 좋지 않을수록 아이는 자신을 부정적으로 인식하게 되고, "내가 나쁜 사람"이라는 왜곡된 신념을 형성한다.

아이는 실제로는 환경에 문제가 있었음에도 자신이 문제라고 여기게 되는 심리적 함정에 빠지게 된다.

 우리가 살아가며 느끼는 근본적인 고통은 상처 그 자체에서 비롯되는 것이 아니다. 오히려, 그 상처를 보호하거나 더 이상 상처받지 않으려는 방어적 태도가 삶을 더욱 어렵게 만든다. 스스로를 부정하고, 타인의 거절에 대한 두려움 속에서 눈치를 보며 살아가는 방어기제는 관계를 복잡하게 만들고 삶을 힘겹게 한다.

 따라서 우리는 자신이 가진 심리적 방어기제와 그것에 의해 형성된 왜곡된 신념을 이해하고 극복할 필요가 있다. 이것이야말로 참된 자유와 평화를 찾기 위한 첫걸음이다. 과거의 상처를 있는 그대로 직시하며 자신을 부정하지 않고, 새로운 관점으로 삶과 관계를 대하는 태도를 배워야 한다.

자기중심적 사고의 특징

신생아나 아주 어린 아이는 비록 미성숙하지만, 감각을 기반으로 한 초기의 판단 능력을 가지고 있다. 이 판단은 원시적이고 직관적이며, 아이는 이를 통해 세상을 해석하고 이해하려고 한다. 아이는 자신의 감각적 경험, 즉 쾌락과 불쾌감을 기준으로 세상을 "좋다" 또는 "나쁘다"로 구분한다.

예를 들어, 기저귀가 젖고 찝찝한 상황에서는 "불쾌함 → 세상이 나를 거부한다 → 나는 배척받는 존재다"라는 식으로 판단한다. 반대로, 기저귀가 깨끗하고 따뜻한 경우에는 "편안함 → 세상이 나를 환영한다 → 나는 환영받을 만한 존재다"라고 해석한다.

이러한 초기 경험에서 부모의 지속적이고 따뜻한 돌봄은 매우 중요하다. 부모가 아이에게 편안하고 기쁜 경험을 꾸준히 제공할 경우, 아이는 "나는 사랑받을 가치가 있는 존재다"라고 느끼게 된다. 예를 들어, 아이가 울었을 때 즉각적으로 안아주거나, 배고플 때 먹을 것을 제공하면 아이는 "내 요구가 세상에 받아들여진다."라고 느낀다. 이는 점차 "나는 중요한 존재야"라는 긍정적인 자아 인식으로 이어지며, 이는 성장 후 건강한 자아와 자신감을 형성하는 데 토대가 된다.

 하지만 유아는 합리적이고 이성적인 사고를 할 수 없어서 부정적인 경험을 쉽게 자신의 잘못으로 치부하려는 경향이 있다. 이러한 부정적 사고는 자기를 못난 사람으로 규정하고, 정죄함으로 중독과 같은 문제를 일으킬 수 있다. 어린 시절 형성된 무의식적인 판단은 현재의 삶에도 영향을 미칠 수 있지만, 이를 인식하고 변화를 위해 노력한다면 새로운 삶의 방향을 열 수 있다.

 소아성애적 충동은 단순히 비정상적인 성적 취향이 아니라, 깊은 심리적 고착의 표현일 가능성이 있다. 이는 대체로 어린 시절에 겪은 정서적 결핍-충분한 사랑과 보살핌을 받지 못한 경험에서 기인한다. 어린 시절 동안 지속된 외로움과 애정 부족은 채워지지 못한 욕구로 남아 마음속에 뿌리를 내리고, 그 욕구는 시간이 멈춘 듯한 상태로 어린 자아를 고립시킨다.

 그로 인해 고착된 내면의 어린 자아는 외부에서 자신과 유사한 연령대의 대상을 찾게 된다. 이러한 투사는 왜곡된 형태로 나타나 성적인 방식으로 표출되기도 하며, 이는 마치 자신이 사랑받고 싶어 했던 순수했던 어린 시절의 자기 자신을 다시 만나려는 노력처럼 보인다. 혹은 내면에 상처

입은 아동으로 되돌아가 치유하고자 하는 무의식적인 시도로도 해석된다.

 한편, 어린 대상에게 이끌리는 이유는 그들이 쉽게 저항하지 못하는 약자인 경우가 많기 때문이다. 스스로의 욕망이 들키지 않을 것이라는 무의식적인 기대감—이는 일종의 도덕적 회피뿐만 아니라 자기 합리화의 과정이기도 하다. 더 나아가 아이들 앞에서 느끼는 우월감과 통제력은, 과거 자신이 무력했던 경험을 보상받으려는 왜곡된 심리적 기제로 이해될 수 있다.

 이는 가해자와의 동일시에 해당하며, 자신을 무력화시킨 힘을 모방함으로써 상실된 통제력을 되찾으려는 비극적인 시도라 볼 수 있다. 이러한 심리적 역동은 초기 대인관계에서 비롯된 상처 입은 자아가 왜곡된 방식으로 관계를 재구성하려는 모습을, 대상관계 이론의 틀 속에서 잘 설명할 수 있다.

질문: 정신과 상담실에서 여자 어린아이를 보면 성적 충동이 일어나는 중독자를 상담 중입니다. 이러한 중독자에게는 어떤 방식의 도움이 필요할까요?

답변: 기본적인 접근법은 유사합니다. 이들 안에 존재하는 자기 비난의 요소를 찾아내는 것이 가장 중요한

시작점입니다. 하지만 이런 문제들은 대개 발달 과정에서
충분한 의식적 성장이 이루어지지 못했을 때 발생합니다.
따라서 우선적으로 그 부족한 의식의 발달 영역을
들여다보고, 이를 조명하여 이해하는 일이 필요합니다.
그렇지 않으면 문제의 본질에 접근하기가 어렵습니다.

"왜 어린아이에게 성적 충동을 느끼는가?"라는 질문에 대한
답은 단순히 분석을 통해 해결되기 어렵다. 이와 같은
행동은 단지 "진통제"와 같은 역할을 하는 경우가 많기
때문이다. 내담자 본인이 특정 시기에 받지 못한 사랑과
인정에 대한 강렬한 갈구를 표출하는 방식일 수 있다. 많은
경우 당사자는 자신이 그 나이에 사랑받기를 원했던 욕구가
여전히 내면에 남아 있다는 사실조차 인식하지 못한다.
상담은 바로 그 지점에서 시작되어야 한다. 초기 결핍의
정서적 고통과 자신을 대면하도록 도와주는 것이 회복의
첫걸음이 될 것이다. 그 감정에 대한 의식적 접근이
이루어진다면 중독적인 행동에서 벗어나는 것이 조금 더
쉬워질 수 있다.

근본적으로, 자신에 대한 실패감, 무가치함, 또는 쓰레기처럼
느껴지는 감정이 이러한 문제를 촉발합니다. 따라서 어린
시절 사랑받고 싶었던 기억, 그리고 그로 인해 만들어진
슬픔, 상실, 절망, 좌절 등의 감정을 탐구하는 것이 매우
중요하다. 문제는 이러한 감정들이 너무나 고통스럽게

다가오기 때문에 억압하거나 회피하는 방식으로 삶을
이어가게 된다는 점이다. 시간이 지날수록 이런 회피적
태도는 더욱 많은 삶의 문제를 유발하게 된다.

　치유는 이러한 억압된 감정들을 진지하게 받아들이고
느끼는 과정을 통해 시작된다. 이 과정에서 방어적이고
회피적인 태도는 점차 사라지고, 그제야 자신이 처한 실제
문제와 삶의 본질을 마주할 수 있다. 또한, 자기 내면을
깊이 들여다보면 어린 시절의 상처로 인해 생긴, 자신을
파괴하거나 부모를 괴롭히고자 했던 복수심도 떠오를 수
있다.

　내면 깊숙한 곳에는 다양한 감정과 생각들이 숨겨져
있으며, 이들은 우리에게 알아주길 바라는 마음으로
콤플렉스 형태로 작용하며 문제를 일으킨다. 궁극적으로
중요한 것은 이러한 과정을 통해 내면의 진정한 고통과
직면하고 그것을 통합하여 자기와 화해하는 것이다.

　성중독자를 상담할 때는 문제의 본질을 단순히 성적인
행동에 국한하지 않고, 개인의 내면적 고통과 자기 이해에
초점을 맞추는 것이 중요하다. 성중독은 흔히 내면의
결핍이나 심리적 상처에서 비롯된 결과물이므로, 이러한
문제의 근원을 치유하는 데 중점을 두어야 한다.

1. 감정 인식과 자각의 촉진
   성중독자들은 종종 감정을 억누르거나 무의식적으로 행동하기 쉽다. 상담 과정에서 그들이 자신의 감정과 생각을 인지하고 이를 받아들일 수 있도록 돕는 것이 첫걸음이 된다.

2. 존재적 질문을 통한 자기 성찰 유도
   "나는 누구인가?", "내가 겪은 상처는 무엇인가?"와 같은 질문을 던져 자기 탐색과 성찰을 유도한다. 이를 통해 그들은 자신의 행동 이면에 자리한 깊은 이유에 대해 더 잘 이해할 수 있다.

3. 억압된 감정 표현하기
   억눌린 감정을 건강한 방식으로 해소하고 표현하게 함으로써, 성적 행동에 의존하려는 충동을 줄이는 데 도움을 준다. 이는 그들의 감정 조절 능력을 강화하는 과정이기도 하다.

4. 지지적 환경과 공동체 참여 권장
   성중독자는 자신의 고통을 솔직히 나눌 수 있고 안정감을 느낄 수 있는 지지적 환경이 필요하다. 상담실이나 치료 시설뿐만 아니라, 지속적인 도움과 안전을 제공하는 치유 익명의 성중독자 모임에 참여하는 것도 매우 효과적이다.

왜곡된 성의 이해와 전환
성은 인간의 본능적이고 자연스러운 부분으로서, 사랑과 연결된 아름답고 거룩한 요소다. 그러나 성이 고통이나 상처와 연관되어 왜곡될 경우, 중독적이고 파괴적인 형태로 나타날 수 있다. 이는 성적인 중독 문제가 단순히 성 자체에서 비롯된 것이 아니라, 깊은 내면적 고통, 결핍, 혹은 트라우마에서 기인한다는 점을 시사한다.

고통의 근원 탐구와 자기 공감 형성
문제 행동 이면에 자리한 고통과 외로움을 탐구하며, "왜 내가 이런 행동을 했을까?"라는 궁금증에서 출발해 자기 자신을 이해하도록 돕는다. 이 과정에서는 스스로에게 연민과 사랑을 느끼며, 자신의 행동이 잘못된 본질 때문이 아니라 고통을 해소하려는 무의식적인 시도였음을 깨닫게 된다.

 마지막으로, 성중독자가 느끼는 과잉된 죄책감을 단순히 없애려 하기보다는, 그 죄책감의 타당성을 현실적으로 분석하고 낮추는 방향으로 접근해야 한다. 이는 그들이 자신을 비난하는 악순환에서 벗어나 치유와 변화의 가능성을 열어줄 것이다. 무엇보다 중요한 것은, 그들의 문제 행동이 진정 원하는 것을 잘못된 방식으로 표현하고 있음을 깨닫게 하여 그 본질적 필요를 건강하게 충족시킬 방법을 찾도록 돕는 것이다.

성적 행동(예: 노출증)은 잠시 동안 현실로부터 벗어나 해방감을 줄 수 있다. 한 노출증 사례자는 자신의 행동을 "존재를 향한 갈망, 보여짐에 대한 충동, 존재의 외침"으로 표현했다. 그는 말했다, 하늘을 나는 기분이었다. 사람들이 있는 곳에서 자신의 몸을 드러내는 찰나의 순간, 마치 세상이 멈추고 시간의 무게가 사라지는 것처럼 느꼈다. 그 짧은 순간만큼은 존재감을 되찾은 듯했다.

그가 추구했던 것은 쾌락이 아니었다. 그는 잊히기를 원하면서도 동시에 기억되고 싶어 했고, 사라지고 싶어 하면서도 자신이 살아있다는 것을 느끼고 싶어 했다. 이러한 모순된 욕망은 그의 내면 깊숙이 자리한 말 없는 울부짖음으로부터 비롯되었다.

그는 유년 시절 끊임없는 비교와 비난 속에서 자랐다. 왜 그렇게밖에 못하냐는 질문과 형만큼 못하다는 말은 칼보다도 날카로웠고, 그의 자아를 지탱하던 감정의 기반을 무너뜨렸다. 어른들의 꾸짖음은 단순한 교정의 말이 아니라 거부의 선언처럼 들렸다. 그 결과 그는 사랑받을 자격이 없고, 존재 자체로 의미 없는 인간이라는 생각에 사로잡히게 되었다.

내면의 붕괴는 시간이 흐르며 '노출'이라는 형태로 표면화되었다. 그러나 그의 벗음은 사람들에게 단순히 보이기 위함이 아니었다. 그가 전하고자 했던 메시지는 하나였다. 나는 여기에 있다. 나를 좀 봐 달라. 나는 누군가의 시선 속에 머물고 싶다. 이러한 행위는 성적 행동 이전에 절박하게 존재를 확인하려는 몸부림이며, 무너진 자아를 잠시나마 다시 세우고자 하는 절규였다.

그는 무의식적으로 성적 욕망을 통해 조각난 자신을 찾으려 했고, 자신의 성기를 노출함으로써 남성적 자존감의 근원인 남근을 드러내고 자신을 능력 있는 존재로 느끼고 싶어 했다. 하지만 이러한 해방감은 오래가지 않았다. 해방감 뒤에는 거대한 수치심과 자기혐오가 엄습해왔다. 나는 왜 또 이런 행동을 했을까? 나는 정말 병든 인간인 걸까? 이러한 자기 비난은 붕괴된 정체성을 가진 사람이 겪는 고통이었다.

정동 발달과 내재화된 대상 관계

원시적 정동은 출생 직후 나타나는 비교적 산만하고 분화되지 않은 상태로, 인지적 요소 역시 미성숙한 형태를 띤다. 시간이 지나면서 더욱 복잡하고 체계적인 형태로 발전하여 파생적 정동으로 자리 잡는다. 이 파생적 정동은 우리의 심리적 작용을 이해하고 다루는 데 있어 중요한 기반을 제공한다.

파생적 정동은 원시적 정동의 결합과 재구성을 통해 생성되며, 이는 훨씬 정교하고 인지적 측면에서의 발전을 동반한다. 특히, 이러한 정동은 점차적으로 표정을 통한 의사소통, 심리 생리학적 반응을 지배하며, 더욱 세밀하게 우리 삶에 영향을 미친다.

그렇다면, 이런 정동 발달은 언제부터 본격적으로 시작될까? 일반적으로 생후 2~3세 경에 그 과정이 본격화된다. 이 시기에 아이는 정동의 발달을 통해 외부 환경으로부터 받은 양육 경험들을 내재화하며, 자신만의 대상 관계를 형성하기 시작한다. 여기서 '내재화'란 부모가 아이에게 보여준 행동과 태도를 아이 자신에게로 복사하는 과정이 된다. 다시 말해, 부모의 양육 방식이 아이의 내적 세계로 자리 잡고, 이는 아이 자신이 자기 자신을 대하는 방식으로 반영되는 것이다.

 예를 들어, 부모가 아이를 충분히 돌보지 않았다면, 아이는 어른이 되어 스스로를 소홀히 대하는 패턴을 형성할 가능성이 높아진다. 이러한 내재화된 대상 관계는 정동 발달 과정에서 점차 통합되고, 이는 인지적 요소와 긴밀하게 연결되며 상호작용한다. 결과적으로, 이러한 관계들은 리비도적 계열의 쾌락적 정동과 공격적 계열의 고통스러운 정동이라는 양극화된 형태로 정리되어 발달한다.

 리비도적 쾌락적 정동은 만족감과 기쁨 같은 긍정적 감정으로 나타나지만, 공격적 계열의 정동은 분노나 적대감 같은 부정적 감정으로 드러난다. 이처럼 정동은 단순히 감정을 느끼거나 표출하는 것이 아니라, 복잡하고 다차원적인 인지 및 감정 시스템이 얽혀 작용하는 심리적 현상이다.

 정동은 단일한 요소로 보기는 어렵다. 그것은 인지 과정뿐만 아니라 감각, 경험, 느낌 등을 포함하며, 이러한 모든 요인이 상호작용하여 우리의 내부 세계를 더욱 풍부하게 만든다. 따라서 정동이란 단순한 심리적 반응이 아닌, 우리의 심리적 구조 속에서 끊임없이 작용하는 복합적인 내적 긴장 현상이라 할 수 있다.

 정동은 환자가 가진 자기 표상과 타인에 대한 대상 표상 간의 관계를 드러내는 중요한 역할을 수행한다. 이는 감각적 경험, 신체적 돌봄, 그리고 내면의 환상을 통해 형성되며, 이러한 경험은 몸에 기록되어 원초적 인지 판단과 결합하여 기분, 감정, 정서에 영향을 미치게 된다.

 자기 표상이란 스스로를 어떻게 인식하고 평가하는지를 나타내는 이미지다. 예를 들어 "나는 가치 있는 사람이다" 혹은 "나는 쓸모없는 존재다"와 같은 자기 인식이 이에 해당한다. 반면, 대상 표상은 타인에 대한 이미지로 "사람들은 나를 좋아하지 않는다"와 같은 관점이 포함된다. 정동이란 바로 이러한 자기 표상과 대상 표상이 상호작용하며 형성되는 중요한 심리적 결과물을 지칭한다.

 특히 정신분석 상황에서 정동은 과거의 내적 대상 관계가 현재로 재활성화되거나 보완되는 과정을 반영하는 역할을 한다. 이는 경험과 인지의 결합으로 이루어진 복잡한 개념으로, 개인 간의 관계뿐만 아니라 자기와 타인의 표상에도 상당한 영향을 미친다. 기분장애와 비교했을 때, 정동장애는 감정 상태 이상의 차원에서 작동하며, 더 깊고 복잡한 정서 패턴과 관계적 이슈들을 포함한다. 이처럼 정동은 단순히 얕은 차원의 감정적 변화가 아닌, 훨씬 더 내재적이고 복합적인 요소가 얽혀 있어 그 이해 과정이 까다롭다.

중독 문제로 논의를 확장해 보면, 성적 중독자는 자신이 가진 강렬한 욕구를 반드시 충족시켜야 한다는 강박적인 상태에 놓여 있다. "내 욕구는 반드시 채워야 한다", "이런 행동을 멈출 수 없다"라는 내면의 소리가 그들 안에서 계속 울려 퍼진다. 이러한 충동은 단순히 의지력을 사용해 억제하거나 회피한다고 해결될 문제가 아니다. 이는 그들의 정동적 패턴과 깊숙이 얽혀 있으며, 그 관계의 본질을 이해하지 않는다면 문제 해결이 어렵다.

성적 중독과 관련된 핵심 질문은 바로 "당신의 진정한 욕구는 무엇입니까?"이다. 이러한 욕구는 종종 사랑받지 못하거나 결핍된 경험에서 비롯되며, 결국 성적 행동이라는 왜곡된 형태로 표출되곤 한다. "나는 업소에 가야 한다", "나는 자위를 해야 한다", "나는 보상을 받아야 한다" 같은 충동들이 이에 해당된다. 이 과정에서 내담자에게 스스로의 행동을 돌아보게 하기 위해 "왜 그 욕구를 꼭 채울 필요가 있다고 생각하십니까?"라는 질문을 던진다. 그 대답 이면에는 스스로도 알지 못하는 정동적인 요소가 잠재해 있다.

궁극적으로 중요한 것은 표면적으로 드러난 행동 너머, 그 사람이 진정으로 원하는 것이 무엇인지 이해하는 것이다. 따라서 정동의 복잡성을 충분히 인식하면서 질문과 탐구를 통해 고통의 근원을 찾아가는 작업이 필요하다. 이를 통해 우리는 욕구와 행동 뒤에 숨겨진 내면의 진실을 밝히고 치유로 나아갈 수 있는 실마리를 발견할 수 있다.

자기 행동을 합리화

성중독자들은 자주 자신의 행동을 합리화하려는 경향을 보인다. 예를 들어, "나는 자위만 하지, 성매매는 안 해." 또는 "성매매는 하지만 업소 여성을 존중하고 함부로 대하지 않아."라는 식의 사고방식이 대표적이다. 이러한 태도는 자신이 저지른 행위의 부정적 측면을 최소화하려는 방어기제로 볼 수 있다. 이를 도덕적 방어라 부르기도 한다. 이는 자신의 행동이 비난받아야 한다는 것을 알면서도, 자기 자신을 완전히 나쁜 사람으로 여기지 않으려는 심리적 전략이다. 즉, "그래도 이 정도는 하지 않았다"라는 생각으로 스스로를 위안하려 한다.

성중독적 행동은 배우자와의 관계에도 많은 영향을 미친다. 예를 들어, 배우자가 자신의 성적 욕구를 충분히 만족시켜주지 않는다고 느낄 경우, 이것을 정당화하며 외부에서 욕구를 충족하려고 시도한다. "네가 내 욕구를 무시하니까, 나는 밖에서 해결한다."라는 식으로 상대방의 책임으로 돌리며 자신의 행동을 합리화한다. 이러한 접근은 배우자와 진정한 친밀함을 쌓으려는 노력에서 멀어지게 만든다. 배우자와의 문제를 해결하려는 의지보다는 "네가 나를 거부했으니, 나도 너를 거부한다"라는 보복의 방식으로 상황을 대처한다.

 또한, 성중독자들은 친밀함과 관련해 모순된 태도를 보인다. 이들은 한편으로는 친밀해지고 싶어 하면서도, 다른 한편으로는 그 친밀감을 거부하는 이중적인 모습을 드러낸다. 이는 과거에 친밀했던 대상에게 상처받았던 경험에서 비롯된다. 특히 어린 시절 가장 친밀했던 사람인 어머니와의 관계에서 받은 상처가 이러한 방어기제의 기초가 된다. 따라서 친밀함은 그들에게 상처받을 가능성을 의미하며, 이는 공포와 불편함을 동반한다. 결과적으로 이들은 친밀감을 두려워하며 거리 두기를 선택하고, 인격적인 관계가 아닌 성행위 자체에 집중하게 된다.

 성중독은 "사랑받고 싶다"라는 욕구와 "친밀함은 위험하다"라는 두려움 사이의 내적 갈등으로 설명될 수 있다. 이들은 가장 친밀한 관계를 상징하는 성적인 관계에 집착하지만, 동시에 진정한 친밀감을 불편해하며 회피한다. 이러한 심리는 어린 시절 부모로부터 받은 거부 경험에 뿌리를 둔다. 부모에게 거부당했던 아이들은 관계로부터 상처받는 것을 피하려고 거리 두기를 학습하게 된다. 결과적으로 친밀감에 대한 갈망과 두려움 사이에서 혼란스러워하며 스스로 고립을 선택하게 되는 것이다.

친밀함에 대한 오해는 이를 거부나 불편함의 영역으로 인식하게 만들 수 있다. 그러나 진정한 친밀감은 어느 정도의 위험을 감수해야만 가능하다. 세상에서 가장 안전한 선택은 아무런 시도도 하지 않는 것이지만, 이는 결국 고립과 좌절로 이어질 뿐이다. 친밀감은 때로 상처받을 위험을 동반하지만, 그런 위험을 감수할 때 비로소 진정한 연결과 치유의 가능성이 열린다.

우리가 살아간다는 것은 거절당하거나 상처받을 수 있다는 가능성을 인정하고 받아들이며 살아가는 일이다. "그래, 거절당할 수도 있지."라고 스스로를 다독이며 받아들여야 한다. 문제는 거절에 대한 두려움이 어디에서 기인하는지에 있다. 왜 우리는 거절을 그렇게 두려워할까? 대부분, 거절이 곧 내 존재의 가치를 부정한다거나 내가 '쓸모없는 존재'라는 인식을 준다고 믿기 때문이다.

하지만 다시 생각해보자. 누군가가 나를 거부하거나 외면한다고 해서 그것이 곧 나라는 사람 자체를 부정하는 것은 아니다. 누군가의 거절은 단지 그 사람의 선택일 뿐, 그것이 나를 '무가치한 존재'로 만들지는 않는다. 그렇지만 우리는 흔히 이를 지나치게 개인적으로 받아들이며 자존감을 깎아내리곤 한다. 이러한 반응은 사실 어린 시절 형성된 사고 패턴에서 기인한다.

그래서 중요한 건 다음과 같은 태도를 배우는 것이다. "타인이 어떤 행동을 하거나 무슨 말을 한다고 해도, 그것은 나와 직접적인 연관이 없다." 이를 진심으로 이해하고 내면화하는 것은 우리 삶에 있어 매우 중요한 의미를 지닌다.

 거절감은 인간관계의 영역을 넘어 다양한 상황에서도 나타날 수 있다. 예를 들어, 새로운 기술이나 활동을 배우고 싶으면서도 "나 잘하지 못할 것 같아."라는 생각에 스스로를 제한하는 때도 있다. 혹은 수영을 배우고 싶으면서도 "내가 잘 못 하면 어쩌지?"라는 불안감에 아예 첫걸음을 떼지 못하는 상황도 흔하다. 이런 경우 대개 우리는 스스로 변명하거나 핑계를 대며 시도조차 포기하기 쉽다.

 중요한 것은 이런 두려움과 저항을 알아차리고 그것과 마주함으로써 새로운 경험으로 나아가는 용기를 얻는 일이다. 때론 실패나 부족함이 있더라도 그것은 우리의 가치를 깎아내리는 것이 아니라, 성장을 위한 한 단계일 뿐임을 기억하자.

물레방아처럼 무의미한 반복

 어떤 목표를 이루기 위해 같은 일을 계속 반복하다 보면, 마치 물레방아가 제자리만 맴도는 듯한 느낌을 받는 순간이 있다. 시간과 자원을 쏟아부었음에도, 도무지 나아지는 것이 보이지 않아 좌절감을 느끼는 것이다. 그러다 보면 자연스레 스스로에게 묻게 된다. "내가 이걸 제대로 하는 게 맞긴 한 걸까?" 이런 의문은 점점 더 자신을 괴롭히며 마음에 짐을 가중시킨다.

 하지만 이러한 상태를 깊이 들여다보면, 어쩌면 이는 나 자신을 보호하기 위한 은연중의 방어기제가 아닐까 싶다. 왜냐하면, 열심히 노력한 끝에 원하는 결과를 얻지 못했을 때, 사람들은 종종 자신의 능력을 의심하게 되고 스스로를 실패자로 여기게 된다. 이러한 두려움이 오히려 진정으로 원하던 것에 도전하는 걸 망설이게 만든다. 그 과정에서 스스로를 상처로부터 지키기 위해 시도 자체를 피하려는 경향이 생긴다. 그러나 정작 가장 큰 상처를 주는 사람은 타인이 아니라 바로 자신임을 깨달아야 한다. 본질적으로, 누군가의 판단과 비난처럼 느껴지는 것도 결국 내가 나를 대하는 방식의 반영일 뿐이다. 나 자신을 비난하고, 그 비난에 움츠러드는 것도 결국은 내가 나를 공격하기에 움츠러드는 것이다.

 예를 들어, 어떤 일을 시도하다 실패했을 때를 생각해보자. 실패는 그저 일어난 하나의 사실인데, 우리는 여기에 의미를 부여하기 시작한다. "역시 넌 항상 이 모양이지. 네가 잘될 리 없지." 이런 식의 자기 비난은 순식간에 무력감과 패배감을 불러오고, 이를 지속하면 흔히 말하는 이른바 '게으름'이라는 상태로 빠져들게 된다. 하지만 우리가 정말 게으른 것은 아니다. 내면을 깊이 들여다보면, 이는 두려움에서 비롯된 행동이지 단순히 태만함 때문이 아니다. 그렇기에 스스로에게 가하는 비난은 합리적이지 않다. 이를 깨닫는 과정은 매우 중요하다.

 먼저 스스로에게 물어야 한다. "내가 설정한 기준과 생각들은 진짜 진실인가?" "내 믿음은 사실에 기반하고 있는가?" 이렇게 질문을 통해 자신을 억누르던 사고의 틀을 하나씩 풀어낼 필요가 있다. 물론 이런 작업에서 단순히 "넌 아무 잘못 없어."라는 식의 위안으로 덮어버리려 해서는 안 된다. 진정한 이해와 탐구가 동반된 과정을 통해야만 내면의 평온과 성장을 이룰 수 있다.

 문제는 종종 현실적인 삶을 잊어버리거나 뒤로 미루게 되는 경우에 발생한다. 예를 들어, 음란물에 몰두하며 사이버 세계, 주관적인 세계, 혹은 망상 속에 갇혀버리는 상황을 생각해볼 수 있다. 이러한 세계 안에 너무 오래 머물다 보면, 결국 현실로 돌아오는 것이 점점 두려워진다.

현실로 나오기를 두려워하는 첫 번째 이유는 "사람들의 시선" 때문이다. 우리는 다른 사람들의 반응을 지나치게 의식하고, 그들이 우리를 어떻게 평가할지를 두려워한다. 사실상, 이 두려움은 타인이 실제로 우리를 그렇게 보아서 생겨난 것이라기보다는, 우리가 스스로를 부정적으로 규정하고 그 규정이 타인에게도 똑같이 적용될 것이라 믿는 데서 비롯된다.

두 번째로 중요한 문제는 모든 사람에게 사랑받고 싶어 하는 욕망이다. 이 욕망을 내려놓는 것이 필요하다. 누구에게나 사랑받아야 한다는 생각은 비현실적이며, 결국 우리 자신에게만 상처를 줄 수 있다. 우리는 거절당하거나 상처받을 수 있는 존재임을 받아들여야 한다. 핵심은 이러한 현실을 인정하고, 그 과정에서 자신을 정확히 구분하는 능력을 키우는 것이다. 즉, 다른 사람이 우리의 요청이나 바람을 들어주지 않았더라도 그것이 나를 거부하거나 부정한 것이 아님을 이해해야 한다. 거절은 단지 각자의 관점에서 받아들일 수 없는 것을 의미하며, 이를 분별하는 것이 바로 성숙함의 징표이다.

예를 들어, "내가 거절당했다"라는 사실과 "나 자신이 무가치하다"라는 생각을 분리할 필요가 있다. "나는 무가치한 존재가 아니다"라는 명확한 인식을 가질 때, 누군가가 "나는 너랑 맞지 않아. 더 이상 만나고 싶지 않아." 혹은 "나는 네가 싫어."라고 말하더라도 흔들리지 않을 수 있다. 반면 이런 의식이 없다면, 그러한 말을 들었을 때 쉽게 상처받고 무너질 가능성이 크다. 예를 들어 누군가가 "너 재미없어."라고 말하면, 듣는 사람은 스스로에게 이렇게 말할지도 모른다.

"맞아. 나는 재미없는 사람이야. 나는 가치가 없어."

이런 식의 자기 비난과 자책 속으로 빠져드는 순간, 상대방의 말 한마디만으로도 전부 무너져 내린다.

하지만 만약 자신이 그러한 부정적인 생각에 연연하지 않는다면 어떨까요? 누군가 "너는 재미없어."라고 말했을 때, "맞아, 내가 조금 재미없기는 해. 하지만 너처럼 재미있는 사람과 함께 있으니 얼마나 좋은지 몰라"라고 답할 수 있을 것입니다. 이렇게 간단히 넘기는 힘은 자기 확신에서 나온다.

문제의 본질은 "나는 모든 사람에게 인정받고, 받아들여지고 싶다."라는 비현실적인 욕구에서 시작된다.

우리는 이를 내려놓아야 하며, 모든 사람에게 사랑받는 것은 절대 가능하지 않다는 사실을 받아들여야 한다. 자신의 가치를 외부 요인에 의해 정의하지 않을 때야말로 우리는 진정으로 자유로워질 수 있다.

왜 모든 사람에게 사랑받으려는 욕구를 가질까?

 어떤 사람들은 왜 모든 이에게 사랑받고 싶어 할까? 그 이유는 간단하다. 자신의 내면에서 결핍감을 느끼기 때문이다. 스스로 부족하다는 인식이 강할수록, 누군가 자신을 싫어하는 듯 보일 때, 그 부족함이 만천하에 드러난 것 같은 두려움에 사로잡힌다. 이는 자존감을 낮추며 모든 사람에게 사랑받고 인정받고 싶어 하는 강렬한 욕구로 이어진다.

예를 들어, 자존감이 낮은 강사는 강연 중에도 자신의 이야기에 집중하지 않는 사람들에게 시선이 쏠린다. "왜 저 사람은 내 이야기를 듣지 않을까? 하품하는 거야? 아니면 스마트폰에만 집중하고 있나?" 이런 생각들이 머릿속을 가득 채우며 불안과 초조감을 야기한다. 이러한 감정에 사로잡히면 강의에 몰입하지 못하고, "내 강의가 재미없는 건가? 도움이 되지 않는 건가?"라며 고민이 깊어진다. 이런 심리 상태는 강의의 질을 떨어뜨릴 수 있다.

 반면 자존감이 높은 강사는 전혀 다른 태도를 보인다.

이들은 자신을 집중해서 듣는 사람들에 주목한다. "안 듣는
사람들은 각자 이유가 있겠지. 중요한 건, 내 이야기에
집중하는 이들에게 최선을 다하는 거야." 이렇게 생각하며
강의를 이어간다. 자신이 모든 청중을 만족시킬 수 없다는
현실을 자연스럽게 받아들이는 것이다. 그러나 자존감이
낮은 사람은 모든 이에게 사랑받아야 한다는 강박에 빠져,
자신에게 집중하지 않는 사람들에게 신경을 쓰고, 그로 인해
불필요한 에너지를 소비한다. 그리고 강의가 끝나면
스스로를 책망한다.
"아, 내가 강의를 망쳤어. 내 능력이 드러나 버렸어."
이와 같은 사고방식은 자책과 결핍감을 강화하며,
결과적으로 더 큰 스트레스 속에 놓이게 한다. 완벽함을
추구하려는 강박이 커질수록 소통은 점점 어려워지고,
긴장은 커지며, 자신의 역량을 충분히 발휘하지 못하는
악순환에 갇히고 만다.

 성중독자가 모든 사람에게 사랑받으려고 하는 이유도
본질적으로 동일하다. 이 욕구는 유년기 시절 경험한
결핍감에서 기인한다. 스스로 부족하다고 느끼기에, 타인의
비난이나 거절을 두려워하며 모든 이에게 사랑받으려는 강한
욕망이 생긴다. 그러나 이러한 두려움은 실제로 존재하는
위협이라기보다는 마음속 조작된 환상일 때가 많다. 결코,
완벽하거나 모든 사람에게 인정받을 필요는 없다는 사실을
깨닫지 못하기 때문에, 스스로를 압박하며 고통을 더해 왔던

것이다.

 우리가 이해해야 할 중요한 사실은 이것이다. "모르거나 틀리는 것, 그리고 완벽하지 않은 것도 괜찮다." 부족함이 드러나는 것을 두려워하지 않을 때 비로소 우리는 더 자유롭고 진솔하게 소통할 수 있다. 이는 사람들과의 관계에서도 건강한 신뢰와 깊은 친밀감을 바탕으로 한 소통을 가능하게 만든다.

 모든 사람에게 사랑받는 것은 불가능하다. 아무리 뛰어난 사람이라도, 모두가 그를 좋아할 수는 없다. 연예인 성시경이나 전지현처럼 상징적으로 멋지고 재능 있는 인물을 떠올려보라. 과연 모든 국민이 이들을 무조건 좋아할까? 그렇지 않을 것이다. 그런데도 우리는 마치 그런 존재가 되어야 한다는 착각 속에서 자신을 끝없이 몰아붙이며 스스로에게 가혹해진다. 이러한 엄격함은 결국 우리를 지치게 한다. 더 나아가, 신조차도 모든 사람에게 사랑받지 못하는 현실을 보라.

 세상에는 힌두교, 불교, 기독교, 이슬람교 등 다양한 종교가 존재하며, 이 종교들 내부에서도 신에 관한 생각은 갈라지곤 한다. 심지어 기독교 내부에서도 하나님을 사랑하기보다는 원망하거나 미워하는 사람들이 있다. 내가 알던 한 장로님은 아버지에 대한 증오심이 강했고, 그로 인해 하나님께도

불만을 품고 있었다. 그분에게 하나님에 대한 불만을 글로
써보라고 했더니 처음 꺼낸 이야기가 "십일조에 대한
불만"이었다고 한다. 이런 예는 하나님조차 모두에게
사랑받을 수 없음을 여실히 보여준다.

그렇다면 우리는 왜 굳이 모든 사람에게 사랑받으려고
애쓰는 걸까? 신조차 완벽하게 사랑받지 못하는데, 우리는
왜 자신이 더 뛰어나고 특별해야 한다고 생각하는 걸까?
혹시 우리가 하나님이나 어떤 초월적인 존재보다 더
위대해지고 싶다는 과도한 욕망과 과시욕에 빠진 것은
아닐까?

이러한 마음에서 벗어나려면 성중독, 음란물 중독처럼
자신을 괴롭히는 문제를 해결하기 위해 먼저 내적 욕심과
가혹한 자기 비난을 내려놓아야 한다. "욕심"이란 우리가
본래 가질 수 없는 것들까지 소유하려는 마음이다. 예를
들어 모든 사람에게 사랑받고자 하는 마음이나 완벽해지고
싶은 과도한 기대 등이 그렇다. 하지만 단순히 "욕심을
버려라"라는 말만으로 이러한 문제를 해결할 수는 없다.

문제를 해결하기 위한 출발점은 스스로가 사랑받을 만한
존재임을 깨닫고 체험하는 데 있다. 자신에게 "너 자체가
사랑 그 자체다" 또는 "너의 존재는 이미 충분히
귀하다"라고 말할 수 있어야 한다. 하지만 깊은 자기 증오에

빠진 사람에게는 이러한 감각이 쉽사리 와닿지 않을 수 있다. 그래서 우리는 먼저 내면에 자리한 부정적인 자기 인식을 하나씩 해체해야 한다.

"왜 내가 이렇게 생각하게 되었는가?" "이 사고의 뿌리는 어디에 있는가?" 이러한 질문들을 던지며 자신을 이해하고 내면의 부정적인 감정을 탐구해야 한다. 이를 통해 서서히 스스로를 얽매고 있는 틀을 벗어나 진정한 자신을 사랑할 수 있게 된다. 그것이야말로 자유로움과 온전함으로 나아가는 첫걸음이다.

중독에서 벗어난 한 사람의 이야기

 한 사람이 음란물 중독, 성적 중독, 그리고 동성애적 성향으로 인한 고통 속에서 살고 있었습니다. 그는 더 이상 이 같은 문제로 괴로워하기를 원치 않아 자신의 내면을 깊이 탐구하는 작업을 시작했다. 그 과정에서 어릴 적의 자신과 대화하며 내면의 상처를 마주하기 시작했을 때, 놀랍게도 중독의 문제는 자연스럽게 점차 사라져갔다.

 그는 처음에는 중독을 끊기 위해 온갖 노력을 다했다. 그러나 노력만으론 효과를 보지 못했고, 오히려 더 큰 좌절과 실망감을 불러왔다. 그러다 자신의 감정과 내면 상태를 적극적으로 이해하는 데 초점을 맞추기 시작하자, 문제의 뿌리가 서서히 드러났고 중독은 점점 옅어지기 시작했다.

"중독부터 해결되더라고요."
그는 이렇게 이야기한다. "다른 심리적 문제들은 여전히 해결해 나가는 과정에 있었지만, 중독이 가장 먼저 사라졌습니다."

이 사람은 한때 항문 자위나 동성애적 음란물 시청, 그리고 이러한 성향과 관련된 커뮤니티에 참여하며 같은 행동을 반복했다. 하지만 매번 내면에 실패감이나 정죄감이 올라올 때, 그것들을 무마하려는 욕구가 강렬하게 솟아오른다는 것을 깨달았다. 이러한 충동의 메커니즘을 명확히 인지하고 바라보기 시작했을 때, 그는 그 욕구를 억누르기보다 자연스럽게 이해하며 통제할 수 있게 됐었다.

많은 성중독자들은 "중독을 끊어야 한다."라는 목표에 지나치게 집착하기 때문에 문제의 근본 원인에는 제대로 다가가지 못한다. 단지 겉으로 드러나는 행동만 억제하려는 시도로는 충분하지 않다. 진정한 해결은 왜곡된 내적 메커니즘을 해체하는 데서 비롯된다. 무엇보다 자기 자신을 사랑하고 받아들이는 과정을 통해 내면의 상처를 이해하고 치유하는 것이 중요하다. 그렇게 할 때, 중독과 같은 문제는 강제로 억누를 필요 없이 자연스럽게 사라지기도 한다.

중독에서 벗어나기 위해 여러 번의 시도를 계속했음에도 실패한다면 결국 의지력은 바닥나고 회복에 대한 희망마저 소멸할 수 있다. 이때는 자기 비난이라는 악순환 속에 갇힐 가능성이 크다.

"나는 정말 한심한 인간이야. 나는 쓰레기야. 아무 가치도 없어."

이러한 부정적인 자기 대화로 인해 절망과 자기혐오가 더 심화하고, 상황은 더 악화할 뿐이다. 결국, 회복에 대한 가능성조차 흐릿해지는 경우가 많다.

 해결의 열쇠는 자기 자신에 대한 용서에서 시작된다. 자신을 사랑하고 받아들이며 내면의 상처를 치유하기 시작할 때, 중독이라는 문제는 이제는 버거운 산처럼 느껴지지 않는다. 이러한 내적 변화를 통해 회복은 그리 어려운 일이 아님을 경험하게 된다. 이를 통해 중독에서 벗어나지는 길 역시 한층 더 가까워질 수 있다.

중독에서 회복되기 위해서는 우리 자신에 대한 깊은 이해와 변화를 경험해야 한다.

 전통적인 관점에서 중독은 여전히 '평생 싸워야 할 불치병'으로 여겨지고 있다. 하지만 최근의 임상 경험은 이와 조금 다른 방향으로 나아가고 있다. 완전한 중독 회복 사례가 점차 증가하면서, 더 이상 중독이 단순히 극복 불가능한 문제로 간주하지 않는 분위기가 형성되고 있다.

 저자가 집필한 소책자 "성중독의 눈, 음란물 중독의 심리"는 중독의 본질과 그것을 이해하는 데 필요한 주요 무의식적 주제들을 간결하게 다뤘다. 더 나아가, 성중독자의 환상과 죄책감을 함께 탐구하면 이 성준독자의 문제에 대한 관점이 더 넓어지고 심화할 것이다. 또한, 성중독과 관련한 임상 상담 내용을 정리하여 꾸준히 발간할 계획이다. 이는 중독심리상담사들과 당사자들에게 실질적인 도움을 줄 수 있을 것으로 기대한다. 이밖에 "사랑받을 용기", 그리고 앞으로 출간될 "중독과 악의 그림자"와 "집으로 돌아가는 길"도 함께 읽는 것을 권한다. 이 책들은 인간이 어떤 존재인지 깨닫게 해주고, 삶의 질을 근본적으로 변화시키는 데 기여할 것이다.

중독은 우리를 속박하고 갇히게 만드는 힘이라면, 사랑은 우리를 자유롭게 해방시키는 강력한 힘이다. 사랑은 모든 회복의 핵심이며 변화를 이루는 문을 여는 열쇠이기도 하다. 내가 추천하는 이 책들은 단순히 지식 전달을 넘어, 사랑이라는 자유로운 감각을 체험하도록 돕는 길잡이가 될 것이다.

회복 과정에서는 종종 종교적 접근법이 언급된다. 때로는 "신을 만나야 한다"라는 말을 듣게 되는데, 여기서 '신'은 반드시 외부적 초월적 존재만을 의미하지 않는다. 그것은 스스로 내면에 있는 진정한 자기(Self)를 발견하고 그것과 만나야 한다는 의미일 수 있다. 이는 '에고(Ego)가 죽고 참자기(Self)가 살아나야 한다'라는 것과 연결된다. 궁극적으로, 자신의 욕망과 결핍에 묶인 좁은 자아를 넘어 더 큰 자기, 더 깊은 자기수용과 이해로 나아가야 하기 때문이다.

종교적 접근은 심리적 치유와 결합해 내면의 근본적인 변화를 촉진하는 데 유용하다. '자신의 자기(Self)에 복종하라'라는 개념은 종교적 틀 안에서 특히 효과적으로 전달된다. 심리적인 접근만으로는 어려운 부분이 종교라는 도구를 통해 더욱 깊이 내면화될 수 있는 것이다. 예를 들어, 종교적 메시지인 '하나님 앞에서 내가 죽는다'라는 강력한 은유는 심리학의 개념인 '에고의 죽음과 참자기의 탄생'과 일맥상통한다.

 종교적 접근법은 명확한 신적 대상을 설정하고, 인간 자신의 한계를 인정하며 더 크고 새로운 지혜를 받아들이는 과정을 강조한다. 즉, 과거에 자신을 옭아맸던 잘못된 판단과 자기 파괴적 결정을 내려놓고, 신 앞에 자신의 한계를 고백하며 새로운 관점을 받아들이는 것이다. "신과 연결된 나는 쓰레기일까, 아니면 거룩한 존재일까?"라는 질문 속에서도 우리가 신과 연결됨으로써 거룩함에 다가갈 수 있음을 깨닫게 된다. 이러한 과정은 기존의 부정적인 자기규정을 넘어서는 길이며, 우리를 더 높은 차원의 변화와 회복으로 이끈다.

 중독 회복 과정에서 종교적 접근은 매우 효과적일 수 있다. 특히 알코올중독자모임(AA), 마약중독자모임(NA), 성중독자모임(SA) 등 12단계 프로그램의 핵심은 신을 인정하고, 자신의 삶을 신 앞에 맡기는 데 있다. 이 프로그램은 반복적으로 다음과 같은 메시지를 강조한다.

 신 앞에서 자신을 낮추라, 신에게 의지하라, 그리고 신께 너의 삶을 맡겨라. 이 과정은 철저히 겸손(humility)에 기반을 둔다. 다시 말해, 자신이 모든 것을 알고 있다는 착각을 내려놓고, 스스로 해결할 수 있다고 주장하지 않으며, 오직 신의 지혜와 인도를 신뢰하라는 것이다.

이러한 겸손은 유아적이고 자기중심적인 사고에서 벗어나 성숙으로 나아가는 출발점이 되며, 궁극적으로 완전한 회복의 길로 인도한다.

 그런데 역설적이게도 종교와 밀접한 관계를 맺은 사람들조차 중독자가 되는 경우를 종종 볼 수 있다. 그렇다면 종교인들이 중독에 빠지는 이유는 무엇일까? 이는 다층적인 심리적, 사회적 요인과 관련이 있다. 가장 큰 이유는 자신의 삶을 신에게 온전히 맡기지 못하거나, 종교적 지식이나 외적인 행동에만 치중하는 신앙생활 때문일 수 있다. 종교적 환경이 거룩함과 신성함을 강조하면서도 개인의 내적 상처나 결핍, 그리고 어두운 부분을 숨기기에 종교가 적합한 장소로 작용할 때가 있다는 점도 문제다.

 종교적으로 역할이나 외형적인 경건이 중시되는 환경에서는 개인들이 내면의 어두운 면을 직면하는 대신, 이를 감추려는 경향이 더 강해질 수 있다. 이런 내면의 갈등이 장기화하면, 결국 이러한 고통을 무의식적으로 마취하려는 방법으로 중독 행동에 빠질 위험이 커진다.

 특히 목사, 신부, 스님 같은 종교적 리더들은 사회적으로 성숙하고 안정된 이미지를 요구받는다. 그러나 이러한 기대와 본인의 내적 미성숙 사이에는 간극이 존재할 수 있으며, 이는 대단히 큰 스트레스를 유발한다. 만약 이

스트레스를 적절히 해결하지 못하면, 자신의 부족함을 숨기고자 중독이나 다른 부적응적인 행동에 의존할 가능성이 커진다.

 종교가 가진 치유와 회복의 잠재력을 제대로 활용하지 못하고 형식적인 의식과 행위에 의존하는 태도는 내면의 진정한 변화를 끌어내지 못한다. 결과적으로 사람들은 종교적 활동을 일종의 도피처로 삼거나, 자신의 부정적인 모습을 감추려는 방편으로 사용할 위험에 놓이게 된다. 이는 종교가 본래 가진 치유와 회복의 힘을 약화시키며 깊은 내적 상처를 더욱 고착화할 수 있다는 점에서 주의할 필요가 있다.

지은이 | 김형근

간단한 이력
전) 한국대상관계심리치료협회 총무이사
전) 명지대 사회교육원 부부치료 출강
전) 한신대학교 정신분석대학원 외래교수
전) 제주열방대학 ABC중독학교 전임강사
전) 두란노 바이블칼리지 강사

현) 서울중독심리연구소 소장
현) 현대정신분석 평생교육원 원장
현) 사단법인 자시가랑커뮤니티 대표
현) 한국기독교심리상담학회 슈퍼바이져
현) 한국보호관찰학회 이사
현) 한국마약퇴치운동본부 정책자문위원

저서
- 내 안의 빈자리, 중독의 심리적 진실
- 상처 입은 마음에 들려주는 하나님의 속사임
- 집으로 돌아가는 길
- 성중독자의 환상과 죄책감
- 사랑받을 용기
- 내 마음인데 왜 내 마음대로 안 되는 걸까?
- 성중독의 눈 음란물 중독 심리이해
- 성중독 회복을 향한 첫걸음
- 중독사회 한국교회 치유사역(공저)

[여러분을 초대합니다]

지쳤나요? 버티려 애쓰다, 무너졌나요?
그렇다면, 잘 오셨습니다. 여긴 넘어짐이 부끄럽지 않은 자리입니다.
이기려는 힘이 아니라, 지려는 용기로 회복이 시작됩니다.
당신을 판단하지 않습니다. 그저 함께 울고, 기다릴 뿐입니다.
숨지 말고 오세요. 당신은 충분히 사랑받을 이유가 있는 존재입니다.

〈회복에 도움이 되는 기관〉

서울중독심리연구소　　www.ynissi.org
현대정신분석교육원　　www.ucp.or.kr
쉼앤품 온라인 채팅 심리상담　www.4give.kr
용서하기　www.4giving.net
중독회복방송　www.arbn.kr

자기사랑커뮤니티　　www.trueself.or.kr
자기사랑 유트브　　youtube.com/@자기사랑학교
네이버 벤드　　band.us/@loving
페이스북　　facebook.com/loveus2479

〈회복 모임〉

한국익명의 성중독자(SAA)모임　　band.us/@saa
한국익명의 성중독자(S-Anon) 가족모임　band.us/@fam
빅토리치유공동체　　www.jnissi.net
브릿지교회　　www.bridgechurch.or.kr

성중독자의 환상과 죄책감

1판 1쇄 발행   2025년 5월 20일
지은이 | 김형근
펴낸이 | 김형근
펴낸 곳 | 서울중독심리연구소
주소 | 서울시 종로구 성균관로 28 2~3층
홈페이지 | www.saip.or.kr
전화번호 | 02-2269-2477
팩스 | 02-2277-8736

값 19,000원

ISBN 978-89-967759-9-7
내용 일부와 전부를 무단 전재하거나 복제를 금한다.